左传

[春秋] 左丘明 · 撰
吴茹芷 · 编译

陕西新华出版 三秦出版社

图书在版编目（CIP）数据

左传 /（春秋）左丘明撰 ；吴茹芷编译． -- 西安 ：三秦出版社， 2008.01（2024.1 重印）
（国学百部经典丛书）
ISBN 978-7-80546-523-4

Ⅰ．①左… Ⅱ．①左… ②吴… Ⅲ．①中国－古代史－春秋时代－编年体②左传－译文 Ⅳ．① K225.04

中国版本图书馆 CIP 数据核字（2007）第 188781 号

书　　名　左　传
作　　者　［春秋］左丘明 撰　吴茹芷 编译
责　　编　陆　军
封面设计　新华智品

出版发行　三秦出版社
社　　址　西安市雁塔区曲江新区登高路 1388 号
电　　话　（029）81205236
邮政编码　710061
印　　刷　北京一鑫印务有限责任公司
开　　本　680×1020　1/16
印　　张　9
字　　数　110 千字
版　　次　2008 年 4 月第 2 版
印　　次　2024 年 1 月第 2 次印刷
标准书号　ISBN 978-7-80546-523-4

定　　价　39.80 元
网　　址　http://www.sqcbs.cn

前　言

《左传》是中国古代的一部编年体历史著作。全称《春秋左氏传》，原名《左氏春秋》，汉朝时又名《春秋左氏》《左氏》。汉朝以后才多称《左传》。它与《公羊传》《谷梁传》合称“春秋三传”。

《左传》相传是春秋末期的史官左丘明所著。司马迁、班固等人都认为《左传》是左丘明所写。唐朝的刘知几在《史通·六家》中说：“左传家者，其先出于左丘明。”现在一般认为《左传》非一时一人所作，成书时间大约在战国中期，是由战国时的一些学者编撰而成，其中主要部分可能是左丘明所写。

《左传》以《春秋》为本，记叙了春秋时期自鲁隐公元年（前 722 年）至鲁哀公二十七年（前 468 年）共二百五十多年间各诸侯国的政治、军事、经济、外交等方面的历史事实，着重记叙当时诸侯列国之间的矛盾和争夺。作品比较真实地反映了当时的情况，它所记载的许多史事已经成为我国传统文化的重要组成部分。我国著名的史学泰斗顾颉刚先生曾经说过：古史书至今，《左传》价值第一！

《左传》以《春秋》的记事为纲，增加了大量的历史事实和传说，叙述了丰富多彩的历史事件，描写了形形色色的历史人物，把《春秋》中的简短记事发展成为完整的叙事散文。

《左传》虽是一部历史著作，但却有较高的文学价值。首先，它有序叙述复杂的历史事件，富有故事性、戏剧性，有紧张动人的情节；其次，它能通过典型事件和个性化的语言及细节描写刻画出栩栩如生的人物形象；再次，它善于描写战事，特别注重叙述战争的起因和揭示决定战争胜负的各种因素，它既注重对巨大紧张的战斗场面的描述，也不忽视对细微生动的细节的描写，因而它所描述的战争既情节曲折、生动逼真，也头绪分明、井井有条；最后，它的语言具有精练、形象、表现力强的特点。《左传》开创了历史文学的先河，对后代传记文学，特别是司马迁的《史记》有很大影响。

编　者

2008 年 1 月

目　录

郑伯克段于鄢

【原文】

初，郑武公娶于申，曰武姜，生庄公及共叔段[1]。庄公寤生，惊姜氏，故名曰寤生[2]，遂恶之；爱共叔段，欲立之。亟请于武公[3]，公弗许。及庄公即位，为之请制[4]。公曰："制，岩邑也，虢叔死焉，佗邑唯命[5]。"请京[6]。使居之，谓之京城太叔。

祭仲曰："都城过百雉[7]，国之害也。先王之制，大都不过叁国之一，中五之一，小九之一[8]。今京不度[9]，非制也。君将不堪。"公曰："姜氏欲之，焉辟害？"对曰："姜氏何厌之有？不如早为之所，无使滋蔓[10]，蔓难图也。蔓草犹不可除，况君之宠弟乎？"公曰："多行不义必自毙，子姑待之[11]。"

【注释】

〔1〕共叔段：共为出生地名，段为其名，叔为排行第二。

〔2〕寤生：指出生时足先出而头后出，亦即指妇女难产。

〔3〕亟请：多次请求。

〔4〕制：郑邑，在今河南省荥阳县东北，地形险要。

〔5〕佗邑唯命：其他城邑当任其所请，无不唯命是听。

〔6〕京：郑邑，今河南省荥阳县东南。

〔7〕都城：都邑之城墙。雉：古代计算城墙面积的单位，高一丈、长三丈为一雉。

〔8〕按当时之制，侯伯之都城周长五里，合九百丈，城墙面积为三百雉。其属下的最大城邑城墙长度都不得超过都城的三分之一，即一百雉。

〔9〕不度：不合法度。

〔10〕滋蔓：滋长蔓延，比喻太叔势力将会不断扩张开来。

〔11〕姑：暂且。

【译文】

起初，郑武公在申国娶妻，名叫武姜，生了庄公和共叔段。庄公是脚先头后出生的，这是难产，使姜氏很惊讶，因此给他取名叫寤生，并且很讨厌他。姜氏喜爱共叔段，想立他为太子。屡次向武公请求，武公不肯答应。等到庄公继位为郑国国君，姜氏请求将制地作为共叔段的封邑，庄公说："制地是形势险峻之地，虢叔曾经死在那里。其他地方都可以听命。"姜氏又改请求封京城，让共叔段住在那里，称为京城太叔。

祭仲说："凡属国都，城墙周围的长度超过三百丈，就给国家带来祸害。先王制定的制度：大的地方的城墙，不超过国都的三分之一；中等的，不超过五分之一；小的，不超过九分之一。现在京城的城墙不合制度，这不是该有的，您会忍受不了。"庄公说："姜氏要这样，哪里能避免祸害呢？"祭仲回答说："姜氏怎会得到满足？不如早做打算，不要让她滋生事端，一旦蔓延就难以对付了。蔓延的野草尚且不能铲除掉，何况是您宠爱的弟弟呢？"庄公说："多行不义，必然自取灭亡。您姑且等着吧！"

【原文】

既而太叔命西鄙[1]、北鄙贰于己[2]。公子吕曰："国不堪贰，君将若之何？欲与太叔，臣请事之；若弗与，则请除之，无生民心。"公曰："无庸[3]，将自及。"太叔又收贰以为己邑，至于廪延[4]。子封曰："可矣，厚将得众。"公曰："不义不暱[5]，厚将崩。"

太叔完聚，缮甲兵，具卒乘[6]，将袭郑。夫人将启之。公闻其期，曰："可矣！"命子封帅车二百乘以伐京。京叛太叔段，段入于鄢，公伐诸鄢。五月辛丑，太叔出奔共。

书曰："郑伯克段于鄢。"段不弟，故不言弟；如二君，故曰克；称郑伯，讥失教也；谓之郑志，不言出奔，难之也。遂置姜氏于城颍，而誓之曰："不及黄泉，无相见也。"既而悔之。

【注释】

〔1〕西鄙：西部的边邑。

〔2〕贰于己：既听命于郑庄公，又听命太叔自己，使这些地方两听命。

〔3〕无庸：不用去除掉他。

〔4〕廪延：郑邑，在今河南省延津县东北。

〔5〕不义不昵：意指对君不义，对兄不亲。

〔6〕具卒乘：具为完备充实。步兵曰卒，车兵曰乘。使步卒和车兵充实。

【译文】

不久，太叔命令西部和北部边境既听庄公的命令，又听自己的命令。公子吕说："国家不能忍受这种两面听命的情况，您打算怎么办？您要把君位让给太叔，下臣就去侍奉他；如果不给，那就请除掉他，不要让老百姓产生其他想法。"庄公说："用不着，他会自取其祸。"太叔又收取原来两属的地方作为自己的封邑，并扩大到廪延地方。子封（公子吕）说："可以动手了。势力一大，将会争得民心。"庄公说："没有正义就不能号召人，势力虽大，反而会崩溃。"

太叔整治城郭，储备粮草，补充武器装备，充实步兵车兵，准备袭击郑国都城。姜氏则打算作为内应打开城门。庄公听到太叔起兵的日期，说："可以了。"就命令子封率领二百辆战车进攻京城。京城的人反对太叔，太叔逃到鄢地。庄公又赶到鄢地进攻他。五月二十三日太叔又逃到共国。

《春秋》说："郑伯克段于鄢。"太叔所作所为不像兄弟，所以不说"弟"字；兄弟相争，好像两个国君打仗一样，所以用个"克"字；把庄公称为"郑伯"是讥刺他没有尽教诲之责；《春秋》这样记载就表明了庄公的本来意思。不说"出奔"，是因为史官下笔有困难。于是庄公就把姜氏安置在城颍，发誓说："不到黄泉不再相见。"不久以后又后悔起来。

【原文】

颍考叔为颍谷封人〔1〕，闻之，有献于公。公赐之食，食舍肉〔2〕。公问之，对曰："小人有母，皆尝小人之食矣，未尝君之羹，请以遗之〔3〕。"公曰："尔有母遗，繄我独无〔4〕！"颍考叔曰："敢问何谓也？"公语之故，且告之悔。对曰："君何患焉！若阙地及泉，隧而相见，其谁曰不然〔5〕？"公从之。公入而赋："大隧之中，其乐也融融〔6〕！"姜出而赋："大隧之外，其乐也洩洩〔7〕！"遂为母子如初。

君子曰："颍考叔，纯孝也，爱其母，施及庄公。《诗》曰：'孝子不匮，永锡尔类[8]！'其是之谓乎！"

【注释】

〔1〕封人：镇守边疆的官员。

〔2〕食舍肉：吃饭时把肉放置一边不吃。

〔3〕遗：馈送。

〔4〕繄：发声词，无义。

〔5〕隧：隧道。

〔6〕融融：和乐相得的样子。

〔7〕洩洩：和乐舒畅的样子。

〔8〕锡：同"赐"。

【译文】

颍考叔当时在颍谷做边疆护卫长官，听到这件事，就献给庄公一些东西。庄公赏赐他食物。在吃的时候，他把肉留下不吃。庄公问他为什么，他说："我有母亲，我孝敬她的食物她都已尝过了，就是没有尝过您的肉汤，请求让我带给她吃。"庄公说："你有母亲可送，咳！我却没有！"颍考叔说："请问这是什么意思？"庄公就对他说明了原因，并且告诉他自己很后悔。颍考叔回答说："您有什么可忧虑的呢？如果挖地见到泉水，在隧道里面相见，那有谁说不对？"庄公听了颍考叔的意见。庄公进了隧道，赋诗说："在大隧中相见，多么快乐啊！"姜氏走出隧道，赋诗说："走出大隧外，多么舒畅啊！"于是作为母子像从前一样。

君子说："颍考叔可算是真正的孝子，爱他的母亲，扩大影响到庄公。《诗》说：'孝子的孝心没有穷尽，永远可以影响给你的同类。'说的就是这样的事情吧！"

周郑交质

【原文】

三年春，王三月，壬戌，平王崩。赴以庚戌[1]，故书之。

夏，君氏卒，声子也。不赴于诸侯，不反哭于寝，不祔于姑，故不曰薨。不称夫人，故不言葬，不书姓。为公故，曰君氏。

【注释】

〔1〕赴：今作“讣”，讣告丧事。

【译文】

鲁隐公三年春，周历三月二十四日，周平王死，讣告上写的是庚戌日，所以《春秋》也记载周平王去世那天为庚戌，即十二日。

夏季，君氏死。君氏就是声子，没有发讣告给诸侯，安葬后没有回到祖庙哭祭，没有把神主放在婆婆神主的旁边，所以《春秋》不称“薨”。又因为没有称她为“夫人”，所以不记载下葬的情况，也没有记载她的姓氏。只是因为她是隐公的生母，所以才称她为“君氏”。

【原文】

郑武公、庄公为平王卿士，王贰于虢。郑伯怨王，王曰：“无之。”故周、郑交质[1]。王子狐为质于郑，郑公子忽为质于周。王崩，周人将畀虢公政[2]。四月，郑祭足帅师取温之麦[3]。秋，又取成周之禾[4]。周、郑交恶。

【注释】

〔1〕交质：相互为人质或抵押品。

〔2〕畀：给予，换予。

〔3〕温：周王畿内小国，在今河南省温县稍南三十里。

〔4〕成周：在今河南省洛阳市东约四十里。

【译文】

郑武公、郑庄公先后担任周平王的卿士，平王暗中又将朝政分托给虢公，郑庄公埋怨周平王，平王说："没有这回事。"所以周朝、郑国交换人质。王子狐在郑国做人质，郑国的公子忽在周朝作人质。平王死，周王室的人想把政权交给虢公。四月，郑国的祭足带兵割取了温地的麦子。秋天，又割取了成周的谷子。周朝和郑国结仇。

【原文】

君子曰："信不由中，质无益也。明恕而行，要之以礼，虽无有质，谁能间之？苟有明信，涧溪沼沚之毛[1]，蘋蘩蕰藻之菜[2]，筐筥锜釜之器[3]，潢汙行潦之水[4]，可荐于鬼神[5]，可羞于王公[6]，而况君子结二国之信，行之以礼，又焉用质？《风》有《采蘩》、《采蘋》，《雅》有《行苇》、《泂酌》，昭忠信也。"

【注释】

〔1〕沼沚之毛：沼为池塘，沚为小水泡。毛指生长在涧溪池塘边的杂草。

〔2〕蘋：浅水中生长的小草。蘩：白蒿，或泛指蒿草。蕰：聚集。

〔3〕筐筥：皆为竹编器具，当时称方者为筐，圆者为筥。锜釜皆金属炊具，无足称釜，有足称锜。

〔4〕潢汙：指积水，大者曰潢，小者曰汙。行潦：潦为雨水，行潦即流淌着的雨水。

〔5〕荐：向鬼神进献物品，特指猪、牛、羊祭品。

〔6〕羞：美味食品。

【译文】

君子说："信任不是发自于内心的，就是交换人质也无所补益。坦率、互谅地做事，再以礼法来约束，就算没有人质，又有谁能离间他们呢？如果能有开诚布公的信任，那些山涧、溪流、池塘、小洲的小草，那些浮萍、白蒿、水藻，那些形状各异的竹器、铜器，那些大大小小的积水，都可以作为信物进献给神灵、进献给王公。更何况君子们交结的是两国间的大信，是在依照礼法行事，又哪里用得上人质呢？《豳风》中有《采蘩》《采蘋》，《大雅》中有《行苇》《泂酌》，这些诗歌都是在说明忠信之道啊。"

齐连称、管至父之乱

【原文】

齐侯使连称、管至父戍葵丘，瓜时而往，曰："及瓜而代。"期戍，公问不至。请代，弗许。故谋作乱。

【译文】

齐襄公派连称、管至父驻守葵丘，他们是瓜熟时节去的。当时说定："到明年瓜熟的时候派人去替换你们。"防守了一年，齐襄公的命令还不见传来，他们请求派人来代替，也未获批准。所以连称、管至父两人就策划叛乱。

【原文】

僖公之母弟曰夷仲年，生公孙无知，有宠于僖公，衣服礼秩如適[1]。襄公绌之[2]。二人因之以作乱。连称有从妹在公宫，无宠，使间公。曰："捷，吾以女为夫人。"

【注释】

〔1〕適：同"嫡"，正妻所生之子。

〔2〕绌：贬低其待遇。

【译文】

齐僖公的同母兄弟叫夷仲年，生下公孙无知，很得僖公的宠爱，衣服礼仪的待遇等级都如同嫡子一样。齐襄公即位后降低了公孙无知的待遇，于是连称、管至父二人便利用公孙无知的不满，依靠着他发动叛乱。连称有个堂妹，在齐襄公的后宫不受宠幸，就让她去监视襄公的情况。公孙无知告诉她说："事情成功，我就立你为君夫人。"

【原文】

冬十二月，齐侯游于姑棼，遂田于贝丘。见大豕，从者曰："公子彭生也。"公怒，曰："彭生敢见！"射之。豕人立而啼。公惧，队于车，伤足丧屦。

【译文】

冬季，十二月，齐襄公在姑棼巡视，并顺便在贝丘打猎。看见一头大野猪，侍从人员说："这是公子彭生！"襄公很生气，说："彭生岂敢来见我！"便用箭射它。野猪竟像人一样地站起来嚎叫。齐襄公感到害怕，从车上跌了下来，伤了脚，丢了鞋。

【原文】

反，诛屦于徒人费，弗得；鞭之，见血。走出，遇贼于门。劫而束之。费曰："我奚御哉？"袒而示之背，信之。费请先入。伏公而出，斗死于门中。石之纷如死于阶下。遂入，杀孟阳于床，曰："非君也，不类。"见公之足于户下，遂弑之，而立无知。

初，襄公立，无常[1]。鲍叔牙曰："君使民慢，乱将作矣！"奉公子小白出奔莒。乱作，管夷吾、召忽奉公子纠来奔。

【注释】

〔1〕无常：行为违背常理。

【译文】

回去以后，向徒人费要鞋。费找不到鞋子，齐侯就鞭打他，打得流血。费从宫中出来，在宫门口遇上叛贼。叛贼把他劫走并捆了起来。费说："我刚才被鞭打，我怎么会抵抗你们？"解开衣服，让他们看背伤，叛贼相信了他的话。费请求先进宫去，进宫后把齐侯隐藏了起来，然后出宫和叛贼搏斗，战死在宫门里。石之纷如死在台阶下。叛贼冲进宫中，在床上杀了襄公的替身孟阳，说："不是国君，样子不像。"他们发现齐侯的脚露在门下面，就把他杀了，拥立公孙无知为国君。

起初，齐襄公当国君之后，行动没有准则，鲍叔牙劝谏说："国君的行动如不合常理，百姓自然轻慢放纵，祸乱必将发生。”便护卫公子小白逃到莒国。不久祸乱发生，管夷吾、召忽二人便护卫公子纠逃避到鲁国。

小白争国

【原文】

初，公孙无知虐于雍廪。九年春，雍廪杀无知。公及齐大夫盟于蔇，齐无君也。夏，公伐齐，纳子纠。桓公自莒先入。秋，师及齐师战于乾时，我师败绩。公丧戎路，传乘而归[1]。秦子、梁子以公旗辟于下道[2]，是以皆止[3]。

【注释】

〔1〕传乘而归：转乘他车逃归。

〔2〕下道：岔道。

〔3〕止：被俘获。

【译文】

起初，公孙无知对待大夫雍禀十分残暴。九年春季，雍廪杀死公孙无知。鲁庄公和齐国的大夫在蔇地结盟，因为当时齐国没有国君。夏季，庄公进攻齐国，护送公子纠回国即位。齐桓公，即公子小白从莒国抢先回到齐国。秋季，我军和齐军在乾时作战，我军大败。庄公丢掉战车，乘坐轻车逃回。秦子、梁子打着庄公的旗号躲在小道上吸引齐军注意力，都为齐军所俘。

管仲　（？－前645），名夷吾，又名敬仲、字仲。春秋时齐国著名政治家。颍上（今安徽颍上）人。早年辅佐公子纠，后为公子小白所擒，继而辅佐齐桓公成为春秋第一霸主。

【原文】

鲍叔帅师来言曰：“子纠，亲也，请君讨之。管、召，雠也[1]，请受而甘心焉。”乃杀子纠于生窦[2]，召忽死之。管仲请囚，鲍叔受之，及堂阜而税之[3]。归而以告曰：“管夷吾治于高傒，使相可也。”公从之。

【注释】

〔1〕管仲、召忽助公子纠，与桓公为敌，管仲曾射中小白带钩，故曰雠。雠：仇敌，仇人。

〔2〕生窦：鲁地，在今山东省菏泽县北二十里。

〔3〕堂阜：齐地，在今山东省蒙阴县西北三十里。税之：税同“脱”，指解去管仲之缚。

【译文】

鲍叔率领军队代表齐桓公来鲁国说：“子纠是我齐君的亲人，我们国君不忍杀他，请君王把他杀了。管仲、召忽，是我齐君的仇人，请把他们交给我齐国我们才能甘心。”于是就在生窦把公子纠杀了，召忽也自杀了。管仲请求把他押送回齐国，鲍叔接受请求，到了齐境堂阜就把管仲放了。回国后，鲍叔报告齐桓公说：“管仲治国的才能比高傒都强，可以让他辅助您。”齐桓公同意了。

卫石碏大义灭亲

【原文】

卫庄公娶于齐东宫得臣之妹，曰庄姜，美而无子，卫人所为赋《硕人》也。又娶于陈，曰厉妫，生孝伯，早死。其娣戴妫生桓公，庄姜以为己子。

【译文】

卫庄公娶了齐国太子得臣的妹妹，名叫庄姜。庄姜漂亮却没有生孩子，卫国人因此为她创作了《硕人》这篇诗。卫庄公又在陈国娶了一个妻子，名叫厉妫，生了孝伯，很小就死了。跟厉妫陪嫁来的妹妹戴妫，生了桓公，庄姜就把他作为自己的儿子。

【原文】

公子州吁，嬖人之子也，有宠而好兵。公弗禁，庄姜恶之。石碏谏曰：“臣闻爱子，教之以义方，弗纳于邪。骄奢淫佚，所自邪也。四者之来，宠禄过也。将立州吁，乃定之矣，若犹未也，阶之为祸。夫宠而不骄，骄而能降，降而不憾，憾而能眕者鲜矣。且夫贱妨贵，少陵长，远间亲，新间旧，小加大，淫破义，所谓六逆也。君义臣行，父慈子孝，兄爱弟敬，所谓六顺也。去顺效逆，所以速祸也。君人者将祸是务去，而速之，无乃不可乎？”弗听。其子厚与州吁游，禁之，不可。桓公立，乃老。

【译文】

公子州吁，是卫庄公宠妾的儿子，得到庄公的宠爱，而喜欢武事。庄姜很讨厌他。石碏规劝庄公说：“我听说喜欢自己的儿子，应当以道义去教育他，不要使他走上邪路。骄傲、奢侈、放荡、逸乐，这是走上邪路的开始。这四种恶习之所以发生，是由于宠爱太过分。如果准备立州吁做太子，那就定下来；如果还不定下来，会逐渐酿成祸乱。那种受宠而不骄傲，骄傲而能安于地位下降，地位下降而不怨恨，怨恨而能克制的人，是很少的。而且低贱妨害尊贵，年少驾凌年长，疏远离间亲近，新人离间旧人，弱小欺侮强大，淫欲破坏道义，这就是六种反常现象。国君行事得宜，臣子服从命令，父亲慈爱，儿子孝顺，兄爱弟，弟敬兄，这就是六种正常现象。去掉正常而效法反常，这就会很快地招致祸害，作为君主，应该尽力去掉祸害，现在却加速它的到来，恐怕不可以吧！”庄公不听。石碏的儿子石厚和州吁交往，石碏禁止没有用，卫桓公即位，石碏就退休了……

作宝尊彝鬲　西周早期，通高16厘米，宽13.5厘米，重0.92千克。立耳分裆式鬲。侈口，圆唇，足饰象首纹，装饰十分简朴。内有铭文“作宝尊彝”四字。

【原文】

四年春，卫州吁弑桓公而立。……

州吁未能和其民，厚问定君于石子[1]。石子曰：“王觐为可[2]。”曰：“何以得觐？”曰：“陈桓公方有宠于王，陈、卫方睦，若朝陈使请，必可得也。”厚从州吁如陈。石碏使告于陈曰：“卫国褊小，老夫耄矣，无能为也。此二人者，实弑寡君，敢即图之。”陈人执之，而请莅于卫。九月，卫人使右宰丑莅杀州吁于濮[3]。石碏使其宰獳羊肩莅杀石厚于陈。

【注释】

〔1〕定君：使州吁君位得以稳定的方法。

〔2〕王觐为可：觐，见也。王觐即觐王，朝见周天子。

〔3〕右宰：卫国官名。

【译文】

四年春，卫国的州吁杀了卫桓公而自立为国君……

州吁不能安定他的百姓。石厚向石碏询问安定君位的办法。石碏说："朝觐周天子就可以取得合法地位。"石厚说："如何才能去朝觐呢？"石碏说："陈桓公正在受到天子的宠信。现在陈、卫两国正互相和睦，如果朝见陈桓公，让他代为请求，就一定可达目的。"于是石厚就跟随州吁到了陈国。石碏派人告诉陈国说："卫国地方小，我老头子年纪大了，不能做什么事了，这两个人，确实杀死了我国君主，请您趁此机会搞掉他们。"陈国人把这两个人抓住，而请卫国派人来陈国处理。九月，卫国人派右宰丑在陈国的濮地杀了州吁，石碏派他的管家獳羊肩在陈国杀了石厚。

【原文】

君子曰："石碏，纯臣也〔1〕，恶州吁而厚与焉。'大义灭亲'，其是之谓乎！"

【注释】

〔1〕纯臣：完美无缺的忠臣。

【译文】

君子说："石碏真是个忠臣。讨厌州吁，同时连上石厚。'大义灭亲'说的就是这样的情况吧！"

曹刿论战

【原文】

十年春，齐师伐我。公将战，曹刿请见〔1〕。其乡人曰："肉食者谋之〔2〕，又何间焉。"刿曰："肉食者鄙〔3〕，未能远谋。"乃入见。

【注释】

〔1〕曹刿：鲁人，出身低微，有智谋，长勺之战协助鲁庄公打败强齐，创造以弱胜强的典型战例。

〔2〕肉食者：指在位的贵族。

〔3〕鄙：固陋无智谋。

【译文】

十年春季，齐国的军队攻打鲁国。庄公准备迎战。曹刿请求进见。他的同乡人说："那些天天吃肉的人在那里谋划，你又去掺和什么！"曹刿说："吃肉的人鄙陋不通，不能做长远考虑。"于是入宫进见。

【原文】

问何以战。公曰："衣食所安，弗敢专也，必以分人。"对曰："小惠未遍，民弗从也。"公曰："牺牲玉帛，弗敢加也，必以信。"对曰："小信未孚[1]，神弗福也。"公曰："小大之狱，虽不能察，必以情[2]。"对曰："忠之属也，可以一战。战则请从。"

【注释】

〔1〕孚：覆也。覆有覆盖、包罗之意。祭祀虽诚信，而未覆及于民众，乃是小信，神不会降福的。

〔2〕情：实际情况。大小诉讼案件，虽不能审查精细，但能依据实情合理裁断。

【译文】

曹刿问庄公："凭什么来作战？"庄公说："暖衣饱食，不敢独自享受，一定分给别人。"曹刿回答说："小恩小惠不能周遍，百姓不会跟从的。"庄公说："祭祀用的牛羊玉帛，不敢擅自增加，祝史的祷告一定反映实情。"曹刿回答说："一念之诚也不能代表一切，神明不会降福的。"庄公说："大大小小的案件，虽然不能完全洞察，但必定合情合理去办。"曹刿回答说："这是为百姓尽力的一种心意，可以凭这个打一下。打起来，请让我跟着去。"

师趛鬲　西周中期，通高50.8厘米，宽54.6厘米，重48.8千克，内有铭文：唯九月初吉庚寅，師趛作文考聖公，文母聖姬尊䰙，其萬年子孫永寶用。

【原文】

公与之乘。战于长勺。公将鼓之。刿曰："未可。"齐人三鼓，刿曰："可矣。"齐师败绩。公将驰之，刿曰："未可。"下视其辙[1]。登轼而望之[2]，曰："可矣。"遂逐其师。

【注释】

〔1〕辙：齐兵车逃跑留下的辙迹。

〔2〕轼：车前之横木，站在上面可以望到远方。

【译文】

庄公和曹刿同乘一辆兵车，与齐军在长勺展开战斗。庄公准备击鼓。曹刿说："还不行。"齐人三通鼓罢。曹刿说："可以了。"齐军大败。庄公准备追上去。曹刿说："还不行。"下车，细看齐军的车辙，然后登上车前横木远望，说："行了。"就追击齐军。

【原文】

既克，公问其故。对曰："夫战，勇气也。一鼓作气，再而衰，三而竭。彼竭我盈，故克之。夫大国难测也，惧有伏焉。吾视其辙乱，望其旗靡，故逐之[1]。"

【注释】

〔1〕靡：偃倒。齐军车辙已乱，旗帜偃倒，说明是惊惧奔逃，不是诈败诱敌，故下令追击。

【译文】

战胜以后，庄公问曹刿取胜的缘故。曹刿回答："作战全凭勇气。第一通鼓振奋勇气，第二通鼓勇气就少了一些，第三通鼓勇气就没有了。他们的勇气没有了，而我们的勇气刚刚振奋，所以战胜了他们。大国难于捉摸，恐有埋伏。我细看他们的车辙已经乱了，远望他们旗子已经倒下，所以才追逐他们。"

庆父不死，鲁难未已

【原文】

初，公筑台临党氏，见孟任，从之。閟门[1]。而以夫人言，许之，割臂盟公，生子般焉。雩[2]，讲于梁氏，女公子观之。圉人荦自墙外与之戏[3]。子般怒，使鞭之。公曰：“不如杀之，是不可鞭。荦有力焉，能投盖于稷门[4]。”

【注释】

〔1〕閟：闭门也。庄公追至，孟任闭门不纳。

〔2〕雩：一种求雨的祭祀活动。

〔3〕圉人：养马者。

〔4〕盖：借为“盍”，门扇也。

【译文】

当初，庄公建造高台，可以看到党家。在台上见到孟任，就跟着她走。孟任闭门拒绝。庄公答应立她为夫人。她答应了，割破手臂和庄公盟誓，后来就生了子般。一次求雨的祭祀活动，事先在梁家演习，庄公的女公子观看演习，圉人荦从墙外调戏她。子般发怒，让人鞭打荦。庄公说：“不如杀掉他，这个人不能鞭打。他很有力气，能把稷门的城门扔出去。”

【原文】

公疾，问后于叔牙。对曰：“庆父材。”问于季友。对曰：“臣以死奉般。”公曰：“乡者牙曰庆父材。”成季使以君命命僖叔，待于针巫氏，使鍼季鸩之。曰：“饮此，则有后于鲁国；不然，死且无后。”饮之，归，及逵泉而卒，立叔孙氏。

【译文】

庄公得病，向叔牙询问该立谁做继承人。叔牙回答说：“庆父有才能。”

庄公又征询季友的意见，季友回答说："臣用死来侍奉子般。"庄公说："刚才叔牙说'庆父有才能'。"成季就派人用国君的名义让叔牙等在针巫家里，让针巫用毒酒毒死叔牙，说："喝了这个，你的后代在鲁国还可以享有禄位；否则不但你死而且没有后人了。"叔牙喝了毒酒，回去，到达逵泉就死去了。鲁国立他的儿子为叔孙氏。

【原文】

八月癸亥，公薨于路寝。子般即位，次于党氏。冬十月己未，共仲使圉人荦贼子般于党氏。成季奔陈。立闵公。

秋八月，公及齐侯盟于落姑[1]，请复季友也。齐侯许之，使召诸陈，公次于郎以待之。"季子来归"。嘉之也。

【注释】

〔1〕落姑：齐地。

【译文】

八月初五日，鲁庄公在正寝去世。子般即位，住在党氏家里。冬十月初二，共仲派圉人荦在党家刺死子般。成季逃亡到陈国。立闵公为国君。

秋八月，闵公和齐桓公在齐地结盟，请求齐桓公帮助季友回国。齐桓公答应闵公的请求，派人从陈国召回季友，闵公住在郎地等候他。《春秋》记载说"季子来归"，这是赞美季友。

鲁大司徒铺　春秋后期，通高28.6厘米，宽25.2厘米，重7.24千克。内有铭文：鲁大司徒厚氏元作膳�，其眉壽萬年無疆，子子孫孫永寶用之。

【原文】

冬，齐仲孙湫来省难，书曰："仲孙"，亦嘉之也。

仲孙归，曰："不去庆父，鲁难未已。"公曰："若之何而去之？"对曰："难不已，将自毙，君其待之。"公曰："鲁可取乎？"对曰："不可。犹秉周礼[1]。周礼，所以本也。臣闻之，国将亡，本必先颠，而后枝

叶从之。鲁不弃周礼，未可动也。君其务宁鲁难而亲之，亲有礼，因重固[2]，间携贰[3]，覆昏乱，霸、王之器也。”

【注释】

〔1〕秉周礼：遵行周礼。

〔2〕因重固：亲依厚重稳固之国。

〔3〕间携贰：分裂上下离心之国。

【译文】

冬季，齐国的仲孙湫来我国为夏季的动乱向我们表示慰问，《春秋》称之为“仲孙”，也是赞美他。

仲孙回国说：“不除掉庆父，鲁国就不会太平。”齐桓公说：“怎么样才能除掉他？”仲孙回答说：“祸难不完将会自取灭亡，您就等着吧！”齐桓公说：“我们能吞并鲁国吗？”仲孙说：“不行。他们还遵行周礼。周礼，是立国的根本。下臣听说：‘国家将要灭亡，如同大树，躯干必然先行仆倒，然后枝叶才随着落下。’鲁国不抛弃周礼，是不能动它的。您应当帮它平灭国内的暴乱并且亲近它。亲近有礼仪的国家，依靠稳定坚固的国家，离间内部涣散的国家，灭亡昏暗动乱的国家，这样才能称霸称王。”

【原文】

初，公傅夺卜齮田，公不禁。秋八月辛丑，共仲使卜齮贼公于武闱。成季以僖公适邾，共仲奔莒，乃入，立之。以赂求共仲于莒，莒人归之。及密，使公子鱼请。不许，哭而往。共仲曰：“奚斯之声也！”乃缢。

【译文】

当初，闵公的老师强占鲁大夫卜齮田地，闵公并未禁止。秋季八月辛丑日，共仲派卜齮在武闱杀掉闵公。成季带着僖公逃往邾国，共仲逃到莒国。季友和僖公返回鲁国，立僖公为国君。鲁人用财货向莒国求取共仲，莒国把共仲送回鲁国。当共仲到达密地时，让公子鱼请求季友赦免他。未被允许，公子鱼哭着回去。共仲说：“这是公子鱼的哭声啊，我活不成了！”于是上吊死了。

【原文】

闵公，哀姜之娣叔姜之子也，故齐人立之。共仲通于哀姜，哀姜欲立之。闵公之死也，哀姜与知之，故孙于邾。齐人取而杀之于夷，以其尸归，僖公请而葬之。

【译文】

闵公是哀姜的妹妹叔姜的儿子，所以齐人才拥立他为鲁君。共仲和哀姜通奸，哀姜想立共仲为国君。闵公被刺身亡，哀姜事先就知解内情，所以事发后逃奔到邾国。后来齐人向邾国要回哀姜，在夷地杀了她，把尸体运回齐国，僖公请求归还尸体予以安葬。

卫懿公好鹤

【原文】

冬十二月，狄人伐卫。卫懿公好鹤，鹤有乘轩者。将战，国人受甲者皆曰："使鹤！鹤实有禄位。余焉能战？"公与石祁子玦，与宁庄子矢，使守，曰："以此赞国，择利而为之。"与夫人绣衣，曰："听于二子。"渠孔御戎，子伯为右，黄夷前驱，孔婴齐殿。及狄人战于荧泽，卫师败绩。遂灭卫。卫侯不去其旗，是以甚败。狄人囚史华龙滑与礼孔以逐卫人，二人曰："我，大史也，实掌其祭。不先，国不可得也。"乃先之。至则告守曰："不可待也。"夜与国人出。狄入卫，遂从之。又败诸河。

【译文】

冬季，十二月，狄人攻伐卫国。卫懿公喜欢鹤，有时还让他养的鹤坐大夫的车子。卫军要跟狄人作战了，奉命迎敌的人都说："让鹤替你去杀敌吧！鹤实际上享有俸禄官位，我们没有禄位哪里能作战？"卫懿公把玉佩交给石祁子表示要他决断国事，把箭交给宁庄子表示要他誓死卫国，派他们防守，说："用这两件信物执掌国政，只要有利于国，尽可便宜行事。"懿公又把绣衣交给夫人，说："听从石祁子和宁庄子他们两人的。"渠孔为卫懿公驾着战车，子伯做车右，黄夷为先锋，孔婴齐做殿后。和狄人在荧泽交战，卫军大败。狄人便灭掉了卫国。在作战中，卫懿公不肯丢掉自己的旗帜，狄人便以他为攻击目标，所以惨败。狄人囚禁了史官华龙滑和礼孔，带着他们去追逐卫军。这两个人说："我们是卫国的太史官，掌管祭祀。不让我们先回去，你们就得不到卫国的国都。"于是让他们两人先回去了。他们到了国都，告诉守城的人说："扛不住了，快跑吧。"他们在夜里跟国都城内的人一起出城逃走。狄人进入卫国国都，紧跟着追击卫军，又在黄河边上打败了卫军。

【原文】

初，惠公之即位也少，齐人使昭伯烝于宣姜。不可，强之。生齐子、戴公、文公、宋桓夫人、许穆夫人。文公为卫之多患也，先适齐。及败，宋桓公逆诸河，宵济[1]。卫之遗民男女七百有三十人，益之以共、滕之民为五千人。立戴公以庐于曹。许穆夫人赋《载驰》。齐侯使公子无亏帅车三百乘、甲士三千人以戍曹。归公乘马，祭服五称，牛、羊、豕、鸡、狗皆三百，与门材；归夫人鱼轩，重锦三十两。

【注释】

〔1〕宵济：夜里渡过黄河。

【译文】

当年，卫惠公即位的时候还很年轻，齐人让惠公的庶兄昭伯和宣姜通婚。昭伯不同意，齐人强迫他接受。于是生下齐子、戴公、文公、宋桓夫人、许穆夫人。文公由于卫国经常发生祸患，在狄人入侵前先到了齐国。等到卫国战败，宋桓公在黄河岸边迎接卫国遗民，夜间渡河。卫国的遗民男女共计七百三十人，加上共地、滕地的百姓共有五千人。他们拥立戴公为国君，让他暂时寄住在曹邑。许穆夫人做了《载驰》这首诗。齐桓公派公子无亏率领战车三百辆、甲士三千人守卫曹邑。赠送给戴公乘车的马匹，祭服五套，牛、羊、猪、鸡、狗各三百头，以及做门用的木材；还赠给戴公夫人用鱼皮装饰的车子，熟细锦三十匹。

齐桓公伐楚

【原文】

四年春，齐侯以诸侯之师侵蔡，蔡溃。遂伐楚。

【译文】

四年春季，齐桓公率领各诸侯的联军侵入蔡国，蔡军大败而溃散。于是桓公接着去攻伐楚国。

【原文】

楚子使与师言曰："君处北海，寡人处南海，唯是风马牛不相及也。不虞君之涉吾地也何故[1]？"管仲对曰："昔召康公命我先君大公曰：'五侯九伯，女实征之，以夹辅周室！'赐我先君履[2]，东至于海，西至于河，南至于穆陵，北至于无棣。尔贡包茅不入[3]，王祭不共[4]，无以缩酒，寡人是征[5]。昭王南征而不复，寡人是问！"对曰："贡之不入，寡君之罪也，敢不共给？昭王之不复，君其问诸水滨！"师进，次于陉。

【注释】

〔1〕不虞：未料到。

〔2〕履：谓所践履之疆界。

〔3〕包茅：楚国向周王进贡的一种土特产。

〔4〕共：通"供"，供给。

〔5〕征：责问。

【译文】

楚成王派使者来到军中说：“君王住在北方，我们住在南方，相隔遥远，即使发情的牛马狂奔相诱也不能彼此到达。可是没有料到君主竟然领兵进入我国，这是什么缘故？”管仲回答说：“从前召康公命令我们的先君太公说：‘五侯和九伯，你都可以发兵征讨，以便共同辅佐王室！’赐给我们先君征讨的范围，东到大海，西到黄河，南到穆陵，北到无棣。你应该进贡王室的包茅还没有送去，使天子的祭祀缺乏物品，不能漉酒祭神，我为此前来追究。昭王南征到楚国没有回去，我为此前来责问！”使者回答说：“贡品没有送上，这是我国国君的罪过，岂敢不供给？至于昭王没有回去的事，君王还是去问汉水边的人吧！”诸侯的军队继续前进，屯兵在楚国的陉地。

【原文】

夏，楚子使屈完如师。师退，次于召陵。

齐侯陈诸侯之师，与屈完乘而观之。齐侯曰：“岂不谷是为[1]？先君之好是继。与不谷同好如何？”对曰：“君惠徼福于敝邑之社稷[2]，辱收寡君，寡君之愿也。”齐侯曰：“以此众战，谁能御之？以此攻城，何城不克？”对曰：“君若以德绥诸侯，谁敢不服？君若以力，楚国方城以为城，汉水以为池；虽众，无所用之！”

【注释】

〔1〕不谷：不善，为诸侯自谦之词。

〔2〕徼：同“邀”，求取。

【译文】

夏天，楚成王派遣屈完带兵到诸侯军驻地。诸侯军队撤退，驻扎在召陵。

齐侯将所率领的军队排列成阵势，然后和屈完同乘一辆兵车观看。齐侯说：“诸侯发兵难道是为了我一个人吗？先君的友好关系应该继续保持，我们两国重修旧好怎么样？”屈完回答说：“君王惠临敝国谋求福祉，安抚我君，这正是我君所希望的。”齐侯说：“用这样的军队作战，谁能抵抗他们？用这样的军队攻城，什么城攻打不下？”屈完回答说：“君王如果用德义安抚诸侯，谁敢不服从？君子如果用武力，楚国有方城山作为城墙，有汉水作为护城河；君王的军队虽然众多，也没有什么地方能够用得上！”

【原文】

屈完及诸侯盟。

【译文】

屈完和各诸侯订立了盟约。

宫之奇谏虞假道

【原文】

晋荀息请以屈产之乘与垂棘之璧假道于虞以伐虢。公曰：“是吾宝也。”对曰：“若得道于虞，犹外府也。”公曰：“宫之奇存焉。”对曰：“宫之奇之为人也，懦而不能强谏。且少长于君，君昵之〔1〕。虽谏，将不听。”乃使荀息假道于虞，曰：“冀为不道，入自颠轸，伐鄍三门。冀之既病，则亦唯君故。今虢为不道，保于逆旅〔2〕，以侵敝邑之南鄙。敢请假道，以请罪于虢。”虞公许之，且请先伐虢。宫之奇谏。不听，遂起师。夏，晋里克、荀息帅师会虞师伐虢，灭下阳。

（以上僖公二年）

【注释】

〔1〕昵：亲近。

〔2〕逆旅：客舍。

【译文】

晋大夫荀息请求用屈地所产的名马和垂棘出产的美玉向虞国借路去攻打虢国。晋献公说：“这些是晋国的宝物啊。”荀息回答说：“假如从虞国借到路，宝物放在虞国，就如同放在晋国的外库一样。”献公说：“有名臣宫之奇在那里，怕不能如愿吧。”荀息回答说：“宫之奇的为人，懦弱而不能坚决进谏，而且从小就和虞君一起在宫中长大，虞君对他很亲昵，即使进谏，虞君也不会听从。”于是晋献公派荀息到虞国去借路，说：“从前冀国不讲道义，由颠軨入侵你们虞国，攻打鄍邑的三面城门。晋国伐冀使冀国受到损伤，完全是为了君王复仇的缘故。如今虢国也不讲道义，在客舍修筑堡垒，以侵占敝国的南部边境。谨请求贵国借我们一条进兵之路，以便前往虢国兴师问罪。”虞公答应了，并且请求自己先行攻打虢国。宫之奇劝谏。虞公不接受，便出兵伐虢。夏天，晋国的里克、荀息率兵会合虞军，共同攻打虢国，灭亡虢邑下阳。

虢季组卣　西周晚期，通高 33 厘米，宽 21.4 厘米，重 5.8 千克。内有铭文：虢季子组作寶彝，其萬年子子孫孫永宝用。

……

【原文】

晋侯复假道于虞以伐虢。宫之奇谏曰：“虢，虞之表也。虢亡，虞必从之。晋不可启，寇不可玩[1]。一之谓甚，其可再乎？谚所谓‘辅车相依[2]，唇亡齿寒’者，其虞、虢之谓也。”公曰：“晋，吾宗也，岂害我哉？”对曰：“大伯、虞仲，大王之昭也。大伯不从，是以不嗣。虢仲、虢叔，王季之穆也；为文王卿士，勋在王室，藏于盟府。将虢是灭，何爱于虞？且虞能亲于桓、庄乎？其爱之也？桓、庄之族何罪，而以为戮，不唯偪乎[3]？亲以宠偪，犹尚害之，况以国乎？”公曰：“吾享祀丰洁，神必据我[4]。”对曰：“臣闻之：鬼神非人实亲，惟德是依。故《周书》曰：‘皇天无亲，惟德是辅。’又曰：‘黍稷非馨，明德惟馨。’又曰：‘民不易物，唯德繄物[5]。’如是，则非德民不和、神不享矣。神所冯依，将在德矣。若晋取虞，而明德以荐馨香，神其吐之乎？”弗听，许晋使。宫之奇以其族行，曰：“虞不腊矣[6]！在此行也，晋不更举矣。”

……

【注释】

〔1〕玩：忽视。

〔2〕辅：车轮的两条直木，以增强轮辐的载重支力。

〔3〕偪：同“逼”，逼迫。

〔4〕据：依，从。

〔5〕繄：才是。

〔6〕腊：岁终大祭之名。

【译文】

晋献公再次向虞国借路去攻打虢国。宫之奇劝谏说：“虢国是虞国的外围，假如虢国灭亡，虞国也必然跟着灭亡。晋国的野心不能启发，外国军队不可疏忽。一次借路已经有些过分，难道还可以借第二次吗？俗话讲的‘辅和车互相依存，嘴唇没有了，牙床就会受到寒冷’，说的就是虞国和虢国的关系。”虞公说：“晋国是我的同宗，难道还会害我吗？”宫之奇回答说：“太伯、虞仲，是周太王的儿子，太伯不跟随在侧，所以没有嗣位。虢仲、虢叔，是王季的儿子，他们都做过文王的卿士，对王室有功绩，受勋的记录藏在盟府。如今晋国将要灭掉虢国，对虞国又怎么会爱惜呢？况且，虞国跟晋国的关系能比桓叔、庄伯更为亲近吗？如果晋国爱惜亲族国家的话，那么桓叔、庄伯的族人有什么罪过？但却被杀戮，不就是因为他们使晋国感到威胁的缘故吗？亲近的宗族由于受宠而有威胁，尚且杀害了他们，何况我们国家呢？”虞公说：“我祭祀用的祭品丰盛洁净，神灵必定依从我。”宫之奇回答说：“下臣听说，鬼神不亲近任何人，而只依从德行。所以《周书》说：‘上天没有私亲，它只帮助有德行的人。’又说：‘祭祀的黍稷不芳香，美德才芳香。’又说：‘百姓不能改变祭物，只有德行能当作祭物。’这样说来，不是德行，百姓就不和顺，神灵也就不愿享用了。神灵所凭的，就在于德行。假如晋国取得了虞国，而发扬美德作为芳香的祭物去供奉神灵，神灵难道会吐出来吗？”虞公不听，答应了晋侯使者的要求。宫之奇带领着他的家族出走，说：“虞国今年举行不了岁终大祭了！成功就在这一次，晋国不用另外出兵了。”

……

【原文】

冬十二月丙子朔，晋灭虢。虢公丑奔京师。师还，馆于虞。遂袭虞，灭之。执虞公及其大夫井伯，以媵秦穆姬。而修虞祀，且归其职贡于王[1]。

【注释】

〔1〕归：赠送。

【译文】

冬季，十二月丙子日初一，晋国灭掉虢国。虢公丑逃奔到京城。晋军回国，住在虞国，乘机袭击虞国，灭掉了它。俘虏了虞公和大夫井伯，将其作为秦穆姬的陪嫁随从。从此晋国代替虞国进行祭祀，并且把虞国的赋税奉献给周王室。

晋骊姬之乱

【原文】

初，晋献公欲以骊姬为夫人，卜之，不吉；筮之，吉。公曰："从筮。"卜人曰："筮短龟长，不如从长。且其繇曰[1]：'专之渝，攘公之羭[2]。一薰一莸，十年尚犹有臭。'必不可！"弗听，立之。生奚齐。其娣生卓子。

【注释】

〔1〕繇：用龟甲占卜所得之兆辞。

〔2〕羭：公羊。

【译文】

早年，晋献公想立骊姬为夫人，占卜，不吉利；占筮，吉利。献公说："按占筮的结果做吧！"卜人说："依通常惯例，占筮常不灵验，占卜常常灵验，不如依照灵验的。况且它的兆辞说：'专宠会发生变乱，将要偷走您的公羊。香草和臭草放在一起，十年以后还会有臭气。'一定不能按照占筮的结果去做！"献公不听，立了骊姬。

【原文】

及将立奚齐，既与中大夫成谋。姬谓太子曰："君梦齐姜，必速祭之！"太子祭于曲沃，归胙于公。公田，姬置诸宫六日。公至，毒而献之。公祭之地，地坟[1]；与犬，犬毙；与小臣，小臣亦毙。姬泣曰："贼由太子！"太子奔新城。公杀其傅杜原款。

【注释】

〔1〕地坟：地面隆起如坟。

【译文】

骊姬生下奚齐，她的妹妹生了卓子。等到准备立奚齐为太子时，骊姬已经和中大夫定下了计谋。骊姬对太子说："国君梦见你母后齐姜，你一定要赶快去祭祀她。"太子到曲沃去祭祀，把祭肉带回给献公。当时献公正在外面打猎，骊姬把祭肉放在宫里六天。献公回来后，骊姬在肉中放上毒药献了上去。献公将肉祭地，地立即突起；把肉给狗吃，狗当场死掉；给侍臣吃，侍臣也死了。骊姬哭着说："阴谋是从太子那里来的！"太子申生逃往新城，献公杀了他的老师杜原款。

【原文】

或谓太子："子辞，君必辩焉。"太子曰："君非姬氏，居不安，食不饱。我辞，姬必有罪。君老矣，吾又不乐。"曰："子其行乎？"太子曰："君实不察其罪。被此名也以出，人谁纳我？"十二月戊申，缢于新城。

姬遂谮二公子曰："皆知之。"重耳奔蒲，夷吾奔屈。

（以上僖公四年）

【译文】

有人对太子说："您如果声辩，国君是一定会弄明白真相的。"太子说："国君没有骊姬，就吃不好，睡不好。我如果声辩，骊姬必定有罪。国君年事已高，骊姬有罪他会陷于痛苦，我也不可能高兴的。"那人说："那么你将逃走吗？"太子说："国君既然没能明察我无罪，带着这个名声出去，别人谁会接受我？"十二月戊申日，太子在新城自尽。

骊姬又诬陷另外两位公子说："太子的阴谋，他们也都参与了。"于是重耳逃往蒲城，夷吾逃往屈邑。

……

少虡剑　春秋后期，长54厘米，宽5厘米，重0.88千克，晋国兵器。内有铭文：鋪吕。朕余名之。吉日任午。謂之少虡，作爲元用。玄鏐。

【原文】

初，晋侯使士蒍为二公子筑蒲与屈，不慎，置薪焉。夷吾诉之。公使让之，士蒍稽首而对曰："臣闻之：'无丧而戚，忧必雠焉[1]。无戎而城，雠必保焉。寇雠之保，又何慎焉？守官废命，不敬；固雠之保，不忠。失忠与敬，何以事君？《诗》云：'怀德惟宁，宗子惟城。'君其修德而固宗子，何城如之？三年将寻师焉，焉用慎？"退而赋曰："狐裘尨茸，一国三公，吾谁适从？"

【注释】

〔1〕雠：应验。

【译文】

当初，晋侯派士蒍替二位公子在蒲和屈两邑筑城，不小心，墙里放进了木柴。夷吾向晋献公报告了这件事。献公派人责备士蒍。士蒍叩头回答说："臣听说过：'没有丧事而悲伤，忧愁就会随之而来。没有战事而筑城，敌人必然会藉以守卫。'敌人将要占据的地方，又有什么值得谨慎的呢？身在官位，而不接受君命，这是对君的不敬；如果为仇敌修筑坚固的城池，这是对国家的不忠。失去忠和敬，用什么来侍奉君主呢？《诗》说：'心怀德行就是安宁，同宗子弟就是城池。'君王如果修养德行而使公子们的地位得以巩固，哪个城池能比得上？三年以后就要用兵，哪里用得着谨慎呢？"士蒍退出去作诗说："狐皮袍子杂乱蓬松，一个国家有三位主人，我该一心跟从谁才好呢？"

【原文】

及难，公使寺人披伐蒲。重耳曰："君父之命不校。"乃徇曰[1]："校者吾仇也。"逾垣而走。披斩其祛[2]。遂出奔翟。

（以上僖公五年）

【注释】

〔1〕徇：遍告。

〔2〕祛：衣袖。

【译文】

等到太子申生被杀害的祸难发生之后，晋献公派遣寺人披攻打蒲城。重耳说："国君和父亲的命令不能反对。"于是下令说："谁抵抗君父军队，谁就是我的敌人。"重耳跳墙正要逃跑，寺人披砍断了他的衣袖。重耳便逃亡到翟国。

【原文】

六年春，晋侯使贾华伐屈。夷吾不能守，盟而行。将奔狄，郤芮曰："后出同走，罪也。不如之梁，梁近秦而幸焉。"乃之梁。

（以上僖公六年）

【译文】

六年春季，晋侯派大夫贾华领兵攻打屈邑。夷吾守不住，和屈城百姓订立盟约而后出走，准备逃亡到狄。晋大夫郤芮说："您在重耳之后出走，又是去同一个狄，这就说明您有跟重耳同谋的罪过。不如前往梁国，梁国接近秦国而且得到它的信任。"于是夷吾到了梁国。

宋襄图霸

【原文】

宋公疾，太子兹父固请曰："目夷长且仁，君其立之！"公命子鱼；子鱼辞，曰："能以国让，仁孰大焉？臣不及也，且又不顺。"遂走而退。

【译文】

宋桓公得了重病，太子兹父一再向桓公请求："目夷年长而且仁爱，君王应该立他为国君！"宋桓公就立目夷（子鱼）为君。子鱼推辞说："能够把国家推让给别人，世上还有比这更大的仁爱吗？我不及他，而且又不符合立君的礼制。"于是就快步退了出去。

【原文】

九年春，宋桓公卒。

宋襄公即位，以公子目夷为仁，使为左师以听政，于是宋治。故鱼氏世为左师。

【译文】

鲁僖公九年春季，宋桓公逝世。

宋襄公做了君主，认为公子目夷仁爱，让他担任左师掌管政事，宋国因此大治。所以目夷的后人鱼氏世世代代继承左师的官职。

【原文】

十六年春，陨石于宋，五，陨星也。六鹢退飞，过宋都，风也。周内史叔兴聘于宋，宋襄公问焉，曰："是何祥也[1]？吉凶焉在？"对曰："今兹鲁多大丧[2]，明年齐有乱，君将得诸侯而不终。"退而告人，曰："君失问。是阴阳之事，非吉凶所生也。吉凶由人。吾不敢逆君故也。"

【注释】

〔1〕祥：吉凶的征兆。

〔2〕今兹：今年。

【译文】

鲁僖公十六年春季，在宋国上空落下五块石头，这是坠落的流星。六只鹢鸟退着飞，经过宋国国都，这是因为风太大了。周太史到宋国访问时，宋襄公询问这两件事，说："这预示着什么？是主吉还是主凶呢？"叔兴回答说："今年鲁国大概有大的丧事，明年齐国有动乱，君王将得到诸侯的拥护，却很难持久。"他退下来告诉别人说："宋君问事不恰当，这是属于阴阳方面的事情，人事吉凶与此没有关系。吉凶由人的行为决定。我这样回答，是因为不敢违抗国君的命令。"

番君鬲　春秋前期，通高11.8厘米，宽16厘米，重1.46千克。沿口铸有铭文：唯番君酡伯自作寶鼎，萬年無疆，子孫永用。

【原文】

齐侯之夫人三：王姬[1]，徐嬴，蔡姬，皆无子。齐侯好内[2]，多内宠。内嬖如夫人者六人：长卫姬，生武孟；少卫姬，生惠公；郑姬，生孝公；葛嬴，生昭公；密姬，生懿公；宋华子，生公子雍。公与管仲属孝公于宋襄公，以为太子。雍巫有宠于卫共姬，因寺人貂以荐羞于公[3]，亦有宠。公许之立武孟。管仲卒，五公子皆求立。冬十月乙亥，齐桓公卒。易牙入，与寺人貂因内宠以杀群吏，而立公子无亏。孝公奔宋。十二月乙亥，赴。辛巳，夜殡[4]。

【注释】

〔1〕王姬：周王室之女。

〔2〕好内：好女色。

〔3〕荐羞：进献美味食品。羞，同“馐”。

〔4〕殡：入殓。

【译文】

齐桓公的三位夫人：王姬、徐嬴、蔡姬，都没有儿子。齐桓公爱好女色，爱妃很多。宫中受宠的女人中待遇如同夫人的有六人：大卫姬，生武孟；小卫姬，生惠公；郑姬，生孝公；葛嬴，生昭公；密姬，生懿公；宋华子，生公子雍。桓公和管仲把孝公托付给宋襄公，并立他做太子。雍巫受到卫共姬的宠信，又由于寺人貂的关系有机会把美味进献给齐桓公，所以也受到齐桓公的宠信。齐桓公答应他们立武孟为太子。管仲死后，五位公子争夺王位。冬天，十月初七日，齐桓公去世。易牙进入宫内，跟寺人貂一道依靠那些桓公宠幸的如夫人的特殊权势，杀掉一批不同意立公子无亏为君的大夫，立公子无亏为国君。孝公逃亡到宋国。十二月八日，向诸侯国发出讣告。十四日，晚间大殓入棺。

【原文】

十八年春，宋襄公以诸侯伐齐。三月，齐人杀无亏。

郑伯始朝于楚。楚子赐之金[1]，既而悔之，与之盟曰：“无以铸兵！”故以铸三钟。

齐人将立孝公，不胜四公子之徒，遂与宋人战。夏五月，宋败齐师于甗，立孝公而还。

秋八月，葬齐桓公。

【注释】

〔1〕金：指铜。

【译文】

鲁僖公十八年春季，宋襄公率领诸侯联军攻打齐国。三月，为讨好宋国，齐国人杀了公子无亏。

郑文公第一次到楚国朝见。楚子赐给他铜，不久又后悔，就和郑伯盟誓说："不许用铜铸造兵器。"因此郑文公拿它铸了三口钟。

齐国准备立孝公为新君，却又挡不住其他四公子及其党羽的反对，孝公逃奔到宋国，四公子的党羽就和宋军作战。夏季五月，宋国在甗地打败齐军，立孝公为新君，然后回国。

秋天，八月，为齐桓公举行葬礼。

【原文】

十九年春，宋人执滕宣公。

夏，宋公使邾文公用鄫子于次睢之社，欲以属东夷。司马子鱼曰："古者六畜不相为用，小事不用大牲，而况敢用人乎？祭祀，以为人也。民，神之主也。用人，其谁飨之？齐桓公存三亡国以属诸侯，义士犹曰薄德。今一会而虐二国之君，又用诸淫昏之鬼，将以求霸，不亦难乎？得死为幸！"

【译文】

鲁僖公十九年春季，宋国人俘虏了滕宣公。

夏天，宋襄公派邾文公杀鄫子来祭祀次睢的社神，想以此让东夷来归附。司马子鱼说："古代六畜不能相互用作祭品，小的祭祀都不宰杀大牲口，何况用人作祭品呢？祭祀，是为人祈福。百姓，是神的主人。杀人祭祀，有哪个神会来享用？齐桓公延续了鲁、卫、邢三个被灭亡的国家，而称霸诸侯，义士们还说他德薄；如今君王一次会盟加害了两个国家的君主，又用人来祭祀不当祭祀的神鬼，想以此谋取霸业，不是很难吗？如果能得到好死，就算幸运了！"

【原文】

宋人围曹，讨不服也。子鱼言于宋公曰："文王闻崇德乱而伐之，军三旬而不降；退修教而复伐之，因垒而降。《诗》曰：'刑于寡妻[1]，至于兄弟，以御于家邦。'今君德无乃犹有所阙，而以伐人，若之何？盍姑内省德乎？无阙而后动？"

【注释】

〔1〕刑：典范。寡妻：嫡妻。

【译文】

宋军包围曹国，是为了惩罚曹国不肯服从。子鱼对宋公说："从前周文王听到崇侯德行昏乱，发兵去攻打，打了三十天，崇侯不投降。文王自动退兵，回国加强教化，不久再去攻打，就住在原先所筑营壁中，崇侯就投降了。《诗》说：'在嫡妻面前做出榜样，然后给兄弟们做表率，以此来治理家族和邦国。'如今君主的德行恐怕还有所欠缺，凭这去攻打别的国家，能把它怎么样？何不暂且退兵回去，看看自己的德行是否需要提高，等到德行没有欠缺时再行动。"

【原文】

二十年宋襄公欲合诸侯。臧文仲闻之，曰："以欲从人则可，以人从欲鲜济。"

【译文】

鲁僖公二十年，宋襄公想会合诸侯。鲁国的臧文仲听到了这件事，说："克制自己的欲望，服从众人的合理要求是可以的，强制别人服从自己的欲望，成功的可能性微乎其微。"

【原文】

二十一年春，宋人为鹿上之盟以求诸侯于楚，楚人许之。公子目夷曰："小国争盟，祸也。宋其亡乎？幸而后败。"

秋，诸侯会宋公于盂。子鱼曰："祸其在此乎！君欲已甚，其何以堪之？”于是楚执宋公以伐宋。冬，会于薄以释之。子鱼曰：“祸犹未也，未足以惩君。”

【译文】

鲁僖公二十一年春季，宋人和齐人、楚人在宋地鹿上举行会盟，并向楚国要求让当时已归附楚国的中原诸侯推选自己为盟主，楚国答应了。公子目夷说：“小国争当盟主，无异于自取灭亡。宋国也许要灭亡了吧！能多维持一段时间就算是幸运的了。”

秋天，宋公和楚子、陈侯、蔡侯、郑伯、许男、曹伯在宋国的盂地举行和谈。子鱼说：“灾祸可能就要在这里发生吧！国君如此贪得无厌，其他诸侯怎么受得呢？”在会上楚国俘虏了宋襄公并攻打宋国。冬天，在薄地会盟，放回了宋襄公。子鱼说：“灾祸还没有结束，这一次还不足以惩罚国君。”

【原文】

二十二年三月，郑伯如楚。

夏，宋公伐郑。子鱼曰：“所谓祸在此矣！”

楚人伐宋以救郑。宋公将战，大司马固谏曰：“天之弃商久矣。君将兴之，弗可赦也已。”弗听。

【译文】

鲁僖公二十二年，三月，郑伯到楚国访问。

夏天，宋襄公征讨郑国。子鱼说：“这就是我所说的灾祸！”

楚人攻打宋国，是为了救援郑国，宋襄公准备迎战，大司马子鱼进谏说：“上天遗弃宋国已经很久了。君王想要复兴它，违背上天的意志罪不可赦。”宋襄公不听。

【原文】

冬十一月朔日，宋公及楚人战于泓。宋人既成列，楚人未既济[1]。司马曰：“彼众我寡，及其未既济也，请击之。”公曰：“不可。”既济而未成列，又以告。公曰：“未可。”既陈而后击之，宋师败绩。公伤股，门官歼焉。

【注释】

〔1〕济：渡过。

【译文】

冬季，十一月初一日，宋襄公在泓水边上跟楚人交战。宋国军队已经摆好阵势，楚国军队还没有全部渡过泓水。大司马说："楚军人多势众，我军人少势弱，趁他们还没有全部渡河的时候，请君主下令进攻。"宋襄公说："不行。"楚军全部渡河还没有布好阵式的时候，大司马又建议立即发动攻击。宋襄公说："还不行。"一直等到楚军已经摆好阵式，才下令开战。结果宋军大败，宋襄公腿部受伤，护卫国君的左右亲兵全部阵亡。

【原文】

国人皆咎公。公曰："君子不重伤，不禽二毛[1]，古之为军也，不以阻隘也。寡人虽亡国之馀，不鼓不成列。"子鱼曰："君未知战。勍敌之人[2]，隘而不列，天赞我也；阻而鼓之，不亦可乎？犹有惧焉。且今之勍者，皆吾敌也。虽及胡耇[3]，获则取之，何有于二毛？明耻教战，求杀敌也。伤未及死，如何勿重？若受重伤，则如勿伤[4]。爱其二毛，则如服焉。三军以利用也，金鼓以声气也。利而用之，阻隘可也；声盛致志，鼓儳可也[5]。"

【注释】

〔1〕二毛：有白发掺杂在黑发之间的老年人。

〔2〕勍：强大。

〔3〕耇：多寿。

〔4〕如：应当。

〔5〕儳：杂乱不齐。

【译文】

国都中的人都责备宋襄公。宋襄公说："君子不攻击已经受伤的人，不捉拿头发花白的老人。古代作战，不在地势险要的地方阻击敌方。我虽然是商朝亡国的后代，但不进攻没有布好阵势的敌军。"子鱼说："君王不会打仗。敌人在险要的地方无法布阵，这是上天在帮助我军；乘势堵截将他们加以攻击，有什么不可以的？即使如此，还害怕不能取胜呢。更何况现在我们要面对的有实力的对手，都是我们的敌人。哪怕是老人，俘获了就抓回来，何必考虑他头发是否花白呢！让军队懂得什么是耻辱，训练他们作战的方法，目的就是为了杀敌。敌人受了伤而没有死，为什么不可以再伤害他一次？假如可怜敌人的受伤人员而不去再次伤害，那么一开始就不该伤害他。可惜敌人中头发花白的老人，那就应当向他们屈服。三军将士，有利时就加以利用；鸣金击鼓，是用声音来鼓舞士气。出现有利的机会，而加以利用，在险路进行攻击是可以的；战鼓的声音高而士气高昂，趁着敌人没有摆开阵势而加以攻击也无可厚非。”

秦晋韩之战

【原文】

晋侯之入也，秦穆姬属贾君焉[1]，且曰：“尽纳群公子！”晋侯烝于贾君[2]，又不纳群公子，是以穆姬怨之。晋侯许赂中大夫，既而皆背之。赂秦伯以河外列城五，东尽虢略，南及华山，内及解梁城，既而不与。晋饥，秦输之粟；秦饥，晋闭之籴[3]。故秦伯伐晋。

卜徒父筮之：“吉！涉河，侯车败。”诘之，对曰：“乃大吉也。三败，必获晋君！……三败，及韩。

【注释】

〔1〕属：同“嘱”，委托。

〔2〕烝：晚辈与长辈通奸。

〔3〕闭之籴：不卖粮给秦国。

【译文】

晋惠公（夷吾）回国继承君位的时候，秦穆公夫人把太子申生之妃贾君嘱托给他，并且说：“把公子们都接回晋国。”结果晋侯和贾君通奸，而且不接各位公子回国，因此穆姬怨恨晋侯。晋侯曾经答应给

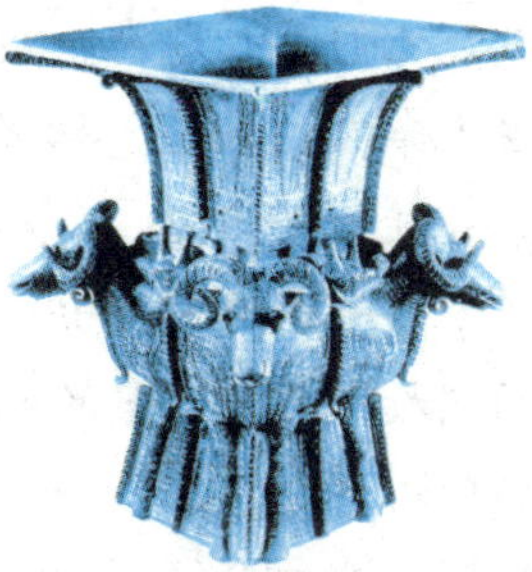

四羊方尊　商代盛酒器，1938年出土于湖南省宁乡县月山铺，通高58.3厘米，口部边长52.4厘米，重34.5千克。现藏于中国国家博物馆。

中大夫馈送财礼，后来食了言。答应送给秦穆公黄河西南和南面的五座城，东边到原来虢国的边境，南边到华山，还有黄河之内的解梁城，过后都没给。晋国发生饥荒，秦国送粮食给它；秦国发生饥荒，晋国却拒绝让它购买粮食，所以秦伯出兵攻打晋国。

秦伯的卜人徒父用蓍草占卜："吉利！渡过黄河，晋侯的战车败北。"秦伯进一步诘问为什么吉利，卜徒父回答说："这是大吉大利的卦，连败他们三次之后，必然俘获晋君。……晋国连败三次之后，撤退到韩原。

【原文】

晋侯谓庆郑曰："寇深矣，若之何？"对曰："君实深之，可若何！"公曰："不孙[1]！"卜右，庆郑吉。弗使。步扬御戎，家仆徒为右。乘小驷，郑入也。庆郑曰："古者大事，必乘其产：生其水土而知其人心，安其教训而服习其道，唯所纳之，无不如志。今乘异产以从戎事，及惧而变，将与人易[2]。乱气狡愤，阴血周作，张脉偾兴[3]，外强中干；进退不可，周旋不能。君必悔之！"弗听。

【注释】

〔1〕孙：通"逊"，谦和。

〔2〕易：反。

〔3〕偾：隆起。

【译文】

晋惠公对庆郑说："敌人已经深入了，应该怎么办？"庆郑回答说："君王让他们深入进来，能够怎么办？"晋侯说："你说话太放肆！"晋侯叫卜师占卜车右的人选，结果庆郑得吉卦。但是晋侯不用他。改让步扬驾御战车，家仆徒担任车右。驾车的小驷马，是以前郑国献纳的。庆郑说："古代参加战争，一定用本国出产的马。出生在本乡本土，知道主人的心意，听从主人的调教，熟习这里的地形，随你怎样鞭策驱使，没有不如意的。现在君王用别国出产的马来打仗，一旦马由于恐惧而失去正常状态，就会不听指挥了。脾气烦躁不安，血液在全身奔流，血管张大突起，外表强壮而内部虚弱无力，进不能攻，退不能守，周旋奔驰也不行，那时君王必然要后悔的。"晋侯不听。

【原文】

九月，晋侯逆秦师，使韩简视师。复曰：“师少于我，斗士倍我。”公曰：“何故？”对曰：“出因其资，入用其宠，饥食其粟，三施而无报，是以来也。今又击之，我怠秦奋，倍犹未也。”公曰：“一夫不可狃[1]，况国乎？”遂使请战，曰：“寡人不佞[2]，能合其众而不能离也。君若不还，无所逃命！”秦伯使公孙枝对曰：“君之未入，寡人惧之；入而未定列，犹吾忧也。苟列定矣，敢不承命！”韩简退，曰：“吾幸而得囚。”

【注释】

〔1〕狃：轻侮。

〔2〕不佞：不才。

【译文】

九月，晋侯亲自出马迎战秦军，派韩简侦察军情。韩简回来说：“秦军兵力比我们少，能作战的人员却超过我们的一倍。”晋侯说：“什么原因？”韩简回答说：“君王亡命在外的时候，依靠秦国的帮助，回国是因为他的宠信，发生了饥荒吃他的粮食，三次施恩惠给我们，君王都没有报答，因为这样秦国才来的。如今又出兵迎击秦军，所以我军自知理亏而懈怠，秦军出于愤慨而奋勇，斗志相差很大啊！”晋侯说：“即使匹夫还不能轻侮，何况是一个国君呢？”于是派韩简向秦军约战，说：“寡人不才，能集合我的部下却不能随便让他们离开。君王如果不回去，寡人就没有办法逃避君王的命令！”秦伯派公孙枝回答说：“晋君没有回到晋国的时候，我一直为此担心；回国而没有定位以前，还是我所忧虑的。如今君位已定，我怎敢不接受君主的作战命令！”韩简退下去，说：“我如果能被秦军俘虏就算是幸运了。”

【原文】

壬戌，战于韩原。晋戎马还泞而止[1]。公号庆郑，庆郑曰：“愎谏，违卜[2]，固败是求，又何逃焉？”遂去之。梁由靡御韩简，虢射为右，辂秦伯[3]，将止之。郑以救公误之，遂失秦伯。秦获晋侯以归。

【注释】

〔1〕还：旋转。

〔2〕违卜：违背卜者之言。

〔3〕辂：迎战。

【译文】

壬戌日，秦、晋两军在韩原交战。晋惠公的马陷入烂泥中盘旋不得出。晋侯向庆郑大声求救，庆郑说："不听劝谏，违抗卜占，本来是自求失败，现在又为什么要逃跑呢？"于是就离开了。梁由靡驾御韩简的战车，虢射担任车右，迎击秦伯的战车，将要俘虏他。因为庆郑叫喊他们快去救援晋侯而耽误了良机，以致未能捉住秦伯。最后秦军俘虏了晋侯回国。

【原文】

晋大夫反首拔舍从之〔1〕，秦伯使辞焉，曰："二三子何其慼也〔2〕！寡人之从晋君而西也，亦晋之妖梦是践〔3〕，岂敢以至？"晋大夫三拜稽首，曰："君履后土而戴皇天，皇天后土实闻君之言！群臣敢在下风。"

穆姬闻晋侯将至，以大子罃、弘与女简璧登台而履薪焉；使以免服衰绖逆〔4〕，且告曰："上天降灾，使我两君匪以玉帛相见，而以兴戎。若晋君朝以入，则婢子夕以死；夕以入，则朝以死。唯君裁之！"乃舍诸灵台。

【注释】

〔1〕反首：乱头发由头上披散下来。

〔2〕慼：忧愁。

〔3〕践：实验。

〔4〕免服：去冠束发。

【译文】

晋国的大夫披头散发，拔掉军用帐篷，跟随晋侯。秦伯派人告诉说："诸位为什么这般忧愁啊！我陪伴晋君往西边去，也只是为了实现晋国的妖梦罢了，岂敢做过分呢？"晋国的大夫听了三拜叩头说："君王脚踩后土，头顶皇天，皇天后土都听到了君主的话，下臣们就在下边听候吩咐。"

秦穆公夫人听说晋侯就要来到秦国，领着太子罃、次子弘和女儿简璧登上高台，踩着事先铺好的柴草将要自焚；同时派遣使者穿着丧服去迎接秦伯，说："上天降下灾祸，使得我国国君不是用礼物相见，而是兴师动戈。如果晋国国君早晨进入（国都），那么我就晚上自焚；晚上进入，那么我就早晨自焚。请君主仔细决定！"于是秦伯把晋侯安排居住在灵台。

【原文】

大夫请以入。公曰："获晋侯，以厚归也。既而丧，归焉用之？大夫其何有焉！且晋人戚忧以重我[1]，天地以要我[2]。不图晋忧，重其怒也；我食吾言，背天地也。重怒难任，背天不祥，必归晋君！"公子絷曰："不如杀之，无聚慝焉[3]。"子桑曰："归之而质其大子，必得大成。晋未可灭而杀其君，只以成恶。且史佚有言曰：'无始祸，无怙乱，无重怒。'重怒难任，陵人不祥。"乃许晋平。

【注释】

〔1〕重：通"动"，感动。

〔2〕要：约束。

〔3〕聚慝：相聚为恶。

【译文】

秦国的大夫们请求把晋惠公押进国都。秦伯说："俘获晋侯，本来是大获全胜回来的，既然一回来就要发生丧事，大夫又能得到什么呢？况且晋国人用忧愁来感动我，用天地威灵来约束我，如果不考虑晋国的忧愁，这就会加重他们的愤怒；我如果自食其言，这就是违背天地。加重晋人的愤怒，难以承当；违背天地，必不吉祥，必须释放晋侯回国才行！"公子絷说："不如杀了国君，免得留下祸害。"子桑说："放晋侯回去，把他的太子作为人质，必然会得到有利的言和条件。如今既然不能灭掉晋国，杀掉他们的国君，只会造成很不好的恶果。况且过去史佚曾说：'不要制造祸端，不要趁乱打劫，不要激怒对方。'加重愤怒难以承当，欺凌别人会不吉利。"于是答应了晋国的求和。

鸟纹爵　西周中期，通高22厘米，口径17.4×7.5厘米，重0.88千克。

【原文】

晋侯使郤乞告瑕吕饴甥，且召之。子金教之言，曰："朝国人而以君命赏，且告之曰：'孤虽归，辱社稷矣！其卜贰圉也。'"众曰："何为而可？"对曰："征缮以辅孺子[1]。诸侯闻之，丧君有君，群臣辑睦，甲兵益多，好我者劝，恶我者惧，庶有益乎！"众说。晋于是乎作州兵。……

【注释】

〔1〕征缮：征兵征赋，修治军备。

【译文】

晋侯派郤乞告诉瑕吕饴甥，同时召他前来。瑕吕饴甥替郤乞出谋献策说："把国都城内的人都召集到宫门前，以国君的名义赏赐他们，并且告诉他们说：'虽然侥幸回来了，已经给国家带来了耻辱！还是择日立子圉为新君吧。'"郤乞照子金的主意去办了，大家都哭了起来，晋国就在这时改变田制。瑕吕饴甥说："国君对自己在外并不担忧，反而为群臣担忧，这是最大的恩惠了。我们准备怎样报答国君？"大家说："怎么做才好呢？"瑕吕饴甥回答说："征收赋税，加强军备，辅佐新君。诸侯知道晋国失去了国君，又有新君继位，群臣和睦相处，装备武器更加多了，对我们友好的就会帮助我们，厌恶我们的就会害怕我们，这或许会有好处吧！"大家感到高兴，晋国就在这时创立了"州兵"制度。……

【原文】

十月，晋阴饴甥会秦伯，盟于王城。秦伯曰："晋国和乎？"对曰："不和。小人耻失其君而悼丧其亲，不惮征缮以立圉也，曰：'必报仇！宁事戎狄。'君子爱其君而知其罪，不惮征缮以待秦命，曰：'必报德，有死无二！'以此不和。"秦伯曰："国谓君何？"对曰："小人戚，谓之不免。君子恕，以为必归。小人曰：'我毒秦，秦岂归君？'君子曰：'我知罪矣，秦必归君。贰而执之，服而舍之，德莫厚焉，刑莫威焉！服者怀德，贰者畏刑。此一役也，秦可以霸。纳而不定，废而不立，以德为怨，秦不其然！’”秦伯曰：“是吾心也！”改馆晋侯，馈七牢焉。

【译文】

十月，晋国的阴饴甥会见秦伯，在王城订立盟约。秦伯说：“晋国君臣和睦吗？”阴饴甥回答说：“不和睦。小人因失去国君而感到可耻，因亲人战死而感到悲哀，不怕征收赋税，修整军备以立圉为新君，他们说：‘一定要报仇，宁肯侍奉戎狄也在所不惜。’君子爱护国君而知道他的罪，不怕征收赋税，修整军备以等候秦国的命令，他们说：‘一定要报答恩惠，有必死之志而无背离之心。’因为这样意见不和。”秦伯说：“晋国上下认为国君的前途会怎么样呢？”阴饴甥回答说：“小人忧愁，认为他不会被赦免。君子坦然，认为他一定会回来。小人说：‘我们得罪了秦国，秦国难道肯放回我们的国君吗？’君子说：‘我们已经认罪了，秦国一定会放回国君。有了贰心就把他抓起来，服了罪就释放他，德行没有比这再宽厚的，刑罚没有比这再严厉的了。服罪的人怀念恩德，有二心的人畏惧刑罚，由于这次战争，秦国可以称霸诸侯了。如果放国君回来却不使他的君位得到安定，废掉他而不立他为国君，使恩德变为怨仇，秦国不会这样做吧！’”秦伯说：“这正是我的心意啊！”于是改变对晋侯的待遇，让晋侯住在宾馆里，馈送七副牛、羊、猪等物品。

【原文】

蛾析谓庆郑曰：“盍行乎？”对曰：“降君于败，败而不死，又使失刑，非人臣也。臣而不臣，行将焉入？”十一月，晋侯归。丁丑，杀庆郑而后入。

是岁，晋又饥。秦伯又饩之粟，曰：“吾怨其君而矜其民。且吾闻唐叔之封也，箕子曰：‘其后必大。’晋其庸可冀乎[1]！姑树德焉，以待能者。”于是秦始征晋河东，置官司焉。

【注释】

〔1〕其庸：也许会。

【译文】

晋大夫蛾析对庆郑说："你为什么逃走呢？"庆郑回答说："使国君陷于失败，失败了不死反而逃走，又使国君无法用刑，这就不是人臣所应做的了。做臣下的而不守为臣之道，又能逃到哪里去呢？"十一月，晋侯回国。丁丑日，杀了庆郑然后进入国都。

这一年，晋国又发生饥荒。秦伯再次送给他们粮食，说："我怨恨他们的国君而哀怜百姓。而且我听说当初唐叔受封的时候，箕子曾说：'他的后代必定昌盛。'晋国还是很有希望的！我们姑且树立恩德，以等待有才能的人。"这时候，秦国开始在晋国河东之地征税，设置官员掌管政事。

晋公子重耳之亡

【原文】

晋公子重耳之及于难也，晋人伐诸蒲城。蒲城人欲战，重耳不可，曰："保君父之命而享其生禄，于是乎得人。有人而校[1]，罪莫大焉！吾其奔也。"遂奔狄。从者狐偃、赵衰、颠颉、魏武子、司空季子。

狄人伐廧咎如，获其二女叔隗、季隗，纳诸公子。公子取季隗，生伯鯈、叔刘。以叔隗妻赵衰，生盾。将适齐，谓季隗曰："待我，二十五年不来而后嫁。"对曰："我二十五年矣，又如是而嫁，则就木焉。请待子！"处狄十二年而行。

【注释】

〔1〕校：对抗。

【译文】

晋公子重耳遭受祸难的时候，晋国派兵在蒲城攻打他。蒲城人想要迎战，他不同意，说："依赖国君父亲的命令而享有养生的俸禄，因此才得到百姓的拥护。有了百姓的拥护却去对抗，没有比这罪过更大的了！我还是逃

堇临簋　西周早期，通高16.7厘米，宽33.5厘米，重3.66千克。内铸铭文：堇臨作父乙，寶尊彝。

奔吧。”于是就逃到狄国。跟随的有狐偃、赵衰、颠颉、魏武子、司空季子。

狄人攻打廧咎如时，俘虏了他的两个女儿叔隗、季隗，把她们送给重耳。重耳娶了季隗，生下伯儵、叔刘；把叔隗送给赵衰做妻子，生下赵盾。重耳准备到齐国去，对季隗说：“等我二十五年，不回来再改嫁。”季隗回答说：“我已经二十五岁了，再过二十五年重新嫁人，那时就快进棺材了。我等您。”重耳在狄住了十二年之后离去。

【原文】

过卫，卫文公不礼焉。出于五鹿，乞食于野人；野人与之块。公子怒，欲鞭之。子犯曰：“天赐也！”稽首，受而载之。

及齐，齐桓公妻之，有马二十乘。公子安之。从者以为不可。将行，谋于桑下。蚕妾在其上，以告姜氏。姜氏杀之，而谓公子曰：“子有四方之志，其闻之者，吾杀之矣。”公子曰：“无之。”姜曰：“行也！怀与安，实败名。”公子不可。姜与子犯谋，醉而遣之。醒，以戈逐子犯。

【译文】

重耳路过卫国，文公不以礼相待。从五鹿经过时，向乡下人讨饭吃；乡下人给他一块泥土。重耳很生气，想鞭打他。子犯说：“这是上天的赐与啊！”重耳叩头道谢，接过土块放在车上带走。

重耳到达齐国，齐桓公为他娶妻，送他八十匹马。公子安于齐国的生活。跟随的人认为这样不行。准备出发前，他们聚集在桑树下面商量。恰好有个采桑女子在树上采桑，听到了，把这件事告诉了姜氏。姜氏怕走漏消息就杀了她。然后告诉公子说：“您有远大志向，听到这种打算的人，我已经把她杀掉了。”公子说：“没有这回事。”姜氏说：“走吧！留恋妻室和贪图安逸，实在败坏您的名声。”公子不肯离开。姜氏同子犯商量，用酒灌醉后，然后把他送走。公子酒醒，气得拿着戈追逐子犯。

【原文】

及曹，曹共公闻其骈胁，欲观其裸。浴，薄而观之。僖负羁之妻曰：“吾观晋公子之从者，皆足以相国。若以相，夫子必反其国。反其国，必得志于诸侯。得志于诸侯而诛无礼，曹其首也。子盍蚤自贰焉[1]！”乃馈盘飧，置璧焉。公子受飧反璧。

及宋，宋襄公赠之以马二十乘。

【注释】

〔1〕蚤：通“早”，在一定时间以前。

【译文】

到达曹国，曹共公听说晋公子的肋骨连成一片，因此想要看到真相。趁公子洗澡的时候，隔着帘子从外面偷看。曹大夫僖负羁的妻子说：“我看晋公子的随从，都足以辅佐国家。如果有他们辅佐，晋公子必定能回晋国做国君。回到了晋国，一定能在诸侯中称雄。那时惩罚以前对他无礼的国家，曹国就会排在前面。您何不趁早向他表示自己的敬意呢！”于是僖负羁就向晋公子馈赠一盘食品，里面藏着一块玉璧。公子收下食品，退回玉璧。

到达宋国，宋襄公送给他八十匹马。

【原文】

及郑，郑文公亦不礼焉。叔詹谏曰：“臣闻天之所启，人弗及也。晋公子有三焉，天其或者将建诸，君其礼焉。男女同姓，其生不蕃。晋公子，姬出也，而至于今，一也。离外之患[1]，而天不靖晋国，殆将启之，二也。有三士足以上人，而从之，三也。晋、郑同侪，其过子弟固将礼焉，况天之所启乎！”弗听。

郑义伯𬭚　春秋前期，通高45.5厘米，口径14.7厘米，重9.66千克。铸有铭文：鄭義伯作尊𬭚，以行，以顺我鄭□。我用以爲𢍰順，我以醔獸。用賜眉壽，孫子唯永寶。

【注释】

〔1〕离：遭受。

【译文】

到达郑国，郑文公也不以礼相待。大夫叔詹劝谏说：“臣听说上天所赞助的，别人是不能左右的。晋公子有三条吉兆，上天或许将要立他为国君吧，君主还是以礼相待。凡是父母同姓，子孙必然不会昌盛。晋公子是姬姓女子所生，却能活到今天，这是一。晋公子遭受陷害而亡命在外，可是上天却一直不让晋国安定，也许是将要赞助他了，这是二。有三个人才干足以居于他人之上，却一直跟随着他，这是三。晋国和郑国地位平等，他们的子弟路过本来就应该以礼相待，何况是上天所赞助的人呢！”郑文公不听。

【原文】

及楚，楚子飨之，曰：“公子若反晋国，则何以报不谷？”对曰：“子女玉帛则君有之，羽毛齿革则君地生焉。其波及晋国者，君之馀也。其何以报君？”曰：“虽然，何以报我？”对曰：“若以君之灵得反晋国，晋、楚治兵，遇于中原，其辟君三舍；若不获命，其左执鞭弭[1]，右属櫜鞬，以与君周旋。”子玉请杀之，楚子曰：“晋公子广而俭，文而有礼。其从者肃而宽，忠而能力。晋侯无亲，外内恶之。吾闻姬姓，唐叔之后，其后衰者也，其将由晋公子乎！天将兴之，谁能废之？违天，必有大咎！”乃送诸秦。

【注释】

〔1〕弭：此指弓。

【译文】

重耳到达楚国，楚成王设享礼款待他，说：“公子如果返回晋国，将用什么来报答我呀？”公子回答说：“子、女、玉、帛，那是君王所拥有的；鸟羽、皮毛、象牙、犀革，那是君王土地上所生长的。散及晋国的，已经是君王的剩余之物了。我能用什么来报答您呢？”楚成王说：“尽管这样，究竟用什么来报答呢？”公子回答说：“假如托君王的福，回到晋国，日后晋楚两国演兵习武，在中原相遇，那就后退九十里，这时如果还得不到君王的谅解，那就左手拿着鞭和弓，右手挎着箭袋和弓囊，同君王较量一番。”子玉请求楚王杀掉他。楚成王说：“晋公子志向远大而生活俭朴，言谈举止文雅而合乎礼仪。他的随从严肃而宽厚，忠贞而有能力。如今晋惠公没有亲人，国外诸侯和国内臣民都讨厌他。我听说姬姓是唐叔的后代，将会最后衰亡，这很可能是从晋公子为君以后的缘故吧！上天将帮助他兴起，谁能废掉他？违反天意，必定会有大的灾难。”于是就把他送往秦国。

【原文】

秦伯纳女五人。怀嬴与焉，奉匜沃盥；既而挥之；怒，曰："秦、晋匹也，何以卑我？"公子惧，降服而囚。

他日，公享之。子犯曰："吾不如衰之文也，请使衰从。"公子赋《河水》，公赋《六月》。赵衰曰："重耳拜赐！"公子降，拜，稽首，公降一级而辞焉。衰曰："君称所以佐天子者命重耳，重耳敢不拜？"

（以上僖公二十三年）

【译文】

秦穆公送给重耳五个女子，怀嬴是其中的一个。有一次怀嬴捧着盛水器皿伺候公子盥洗，他洗完了不用手巾擦干，却把手上的水甩掉。怀嬴很生气，说："秦晋两国地位相等，为什么轻视我？"公子害怕，脱去上衣把自己囚拘起来，以表谢罪。

有一天，秦穆公设宴款待他。子犯说："我不像赵衰那样长于文辞，请您让赵衰随行赴宴吧。"席间，公子诵读《河水》这首诗，秦穆公诵读《六月》这首诗。赵衰说："重耳，请拜谢恩赐！"公子走下台阶，跪拜，叩头，秦穆公走下一个台阶施礼辞谢。赵衰说："君王托付给你辅助天子的使命，重耳哪敢不拜？"

【原文】

二十四年春，王正月，秦伯纳之。……及河，子犯以璧授公子曰："臣负羁绁从君巡于天下[1]，臣之罪甚多矣。臣犹知之，而况君乎？请由此亡。"公子曰："所不与舅氏同心者，有如白水。"投其璧于河。

济河，围令狐[2]，入桑泉[3]，取臼衰[4]。二月甲午，晋师军于庐柳[5]。秦伯使公子絷如晋师，师退，军于郇[6]。辛丑，狐偃及秦、晋之大夫盟于郇。壬寅，公子入于晋师。丙午，入于曲沃。丁未，朝于武宫。戊申，使杀怀公于高梁。……

【注释】

〔1〕负羁绁：羁为马络头，绁为系人与畜之绳索，此指马缰绳。此处为客套话，意为追随车前马后，为其服役、驱使。

〔2〕令狐：地名，在今山西省临猗县西。

〔3〕桑泉：在今临猗县临晋镇东北。

〔4〕臼衰：地名，当在今山西临猗县解州镇西北。

〔5〕庐柳：当为山西省临猗县北之庐柳城。

〔6〕郇：地名，在今山西省临猗县西南。

【译文】

二十四年春，周历正月。秦穆公把公子重耳送回晋国。……到达黄河岸边，子犯把玉璧还给公子，说："下臣背着马笼头马缰绳跟您在天下巡行，下臣的罪过很多，下臣自己尚且知道，何况您呢？请您让我从这里走开吧。"公子说："如果不和舅父一条心，有河神作证。"把他的玉璧扔到黄河里。

重耳等一行渡过黄河，包围了令狐，进入桑泉，占取了臼衰。二月的一天，晋国的军队驻扎在庐柳。秦穆公派遣公子絷到晋国军队里陈说利害。晋军退走，驻扎在郇地。又一天，狐偃和秦国、晋国的大夫在郇地结盟。又一天，公子重耳到达晋国的军队里。又一天，重耳进入曲沃。又一天，重耳在晋武公的庙宇中召见群臣。又一天，重耳派人在高梁杀死了晋怀公。

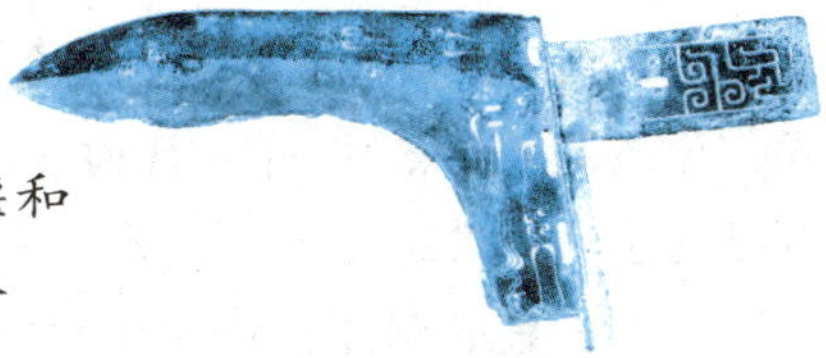

王子欤戈　春秋时期兵器，出土于山西省万荣县庙前村。援长16厘米，胡长9.5厘米，内长8厘米。正面铭文：王子欤戈。现藏河南省文物博物馆。

【原文】

吕、郤畏逼，将焚公宫而弑晋侯。寺人披请见，公使让之，且辞焉，曰："蒲城之役，君命一宿，女即至。其后余从狄君以田渭滨，女为惠公来求杀余，命女三宿，女中宿至[1]。虽有君命，何其速也。夫袪犹在，女其行乎。"对曰："臣谓君之入也，其知之矣。若犹未也，又将及难。君命无二，古之制也。除君之恶，唯力是视，蒲人、狄人，余何有焉。今君即位，其无蒲、狄乎？齐桓公置射钩而使管仲相。君若易之，何辱命焉？行者甚众，岂唯刑臣。"公见之，以难告。三月，晋侯潜会秦伯于王城。己丑晦，公宫火。瑕甥、郤芮不获公，乃如河上，秦伯诱而杀之。晋侯逆夫人嬴氏以归。秦伯送卫于晋三千人，实纪纲之仆。

【注释】

〔1〕中宿：第二日。

【译文】

毛叔盘　通高17.2厘米，口径47.6厘米，宽52.5厘米，重14.26千克。内铸铭文：毛叔媵彪氏孟姬寶盤。其眉壽萬年無疆，子子孫孫永保用。

吕、郤两家害怕祸难逼近，准备焚烧宫室而杀死晋文公。寺人披请求进见。晋文公派人责备他，而且拒绝接见，说："蒲城那一次，国君命令你过一个晚上到达，你立刻就到了。后来我跟随狄君在渭水边上打猎，你为惠公来杀我，惠公命令你过三个晚上到达，你过两个晚上就到了。虽然有国君的命令，为什么那么快呢？那只被割断的袖子还在，你还是走开吧！"寺人披回答说："小臣原来认为国君回国以后，已经了解情况了。如果还没有，就会又一次遇到祸难。执行国君的命令只有一心一意，这是古代的制度。除去国君所厌恶的人，只看自己有多大力量。蒲人、狄人，对我来说算什么呢？现在您即位做国君，也会同我心目中一样没有蒲、狄吧！齐桓公把射勾的事放在一边，而让管仲辅助他。君王如果改变这种做法，我会自己走的，哪里需要君王的命令呢？离开的人很多，岂独是我受过宫刑的小臣？"晋文公接见了寺人披，寺人披就把祸乱告诉了晋文公。三月，晋文公秘密地和秦穆公在王城会见。三十日，文公的宫殿起火。瑕甥、郤芮找不到晋文公，于是就到黄河边上去找，秦穆公把他们诱去杀死了。晋文公迎接夫人嬴氏回国。秦穆公赠送给晋国卫士三千人，都是一些得力的臣仆。

【原文】

初，晋侯之竖头须[1]，守藏者也[2]。其出也，窃藏以逃，尽用以求纳之。及入，求见，公辞焉以沐。谓仆人曰："沐则心覆，心覆则图反，宜吾不得见也。居者为社稷之守，行者为羁绁之仆，其亦可也，何必罪居者？国君而雠匹夫，惧者甚众矣。"仆人以告，公遽见之。

【注释】

〔1〕竖：未成年的随从。

〔2〕守藏：保管财物。

【译文】

当初，晋文公有个侍臣名叫头须，是管理财物的。当晋文公在国外的时候，头须偷了财物潜逃，把这些财物都用来设法让晋文公回国。等到晋文公回来，头须请求进见。晋文公推托说正在洗头。头须对仆人说："洗头的时候心倒过来，心倒了意图就反过来，无怪我不能被接见了。留在国内的人是国家的守卫者，跟随在外的是背着马笼头马缰绳的仆人，这也都是可以的，何必要以留在国内的为有罪？身为国君而仇视普通人，害怕的人就多了。"仆人把这些话告诉晋文公，晋文公立即接见了他。

【原文】

狄人归季隗于晋，而请其二子。文公妻赵衰，生原同、屏括、楼婴。赵姬请逆盾与其母，子余辞。姬曰："得宠而忘旧，何以使人，必逆之！"固请，许之。来，以盾为才，固请于公，以为嫡子，而使其三子下之；以叔隗为内子，而己下之。

【译文】

狄人把季隗送回晋国，而请求留下她的两个儿子。晋文公把女儿嫁给赵衰。生了原同、屏括、楼婴。赵姬请求迎接盾和他的母亲。赵衰辞谢不肯。赵姬说："得到新宠而忘记旧好，以后还怎么使用别人？一定要把他们接回来。"坚决请求，赵衰同意了。回来以后，赵姬认为赵盾有才，坚决向赵衰请求，把赵盾作为嫡子，而让她自己生的三个儿子居于赵盾之下，让叔隗作为正妻，而自己居于她之下。

【原文】

晋侯赏从亡者，介之推不言禄，禄亦弗及。推曰："献公之子九人，唯君在矣。惠、怀无亲，外内弃之。天未绝晋，必将有主。主晋祀者，非君而谁？天实置之，而二三子以为己力，不亦诬乎？窃人之财，犹谓之盗，况贪天之功以为己力乎？下义其罪，上赏其奸，上下相蒙，难与处矣。”其母曰：“盍亦求之？以死谁怼？”对曰：“尤而效之，罪又甚焉，且出怨言，不食其食。”其母曰：“亦使知之，若何？”对曰：“言，身之文也，身将隐，焉用文之？是求显也[1]。”其母曰：“能如是乎？与女偕隐。”遂隐而死。晋侯求之不获。以緜系上为之田[2]，曰：“以志吾过，且旌善人。”

【注释】

〔1〕求显：追求显达。

〔2〕緜系上：地名，在今山西省介休县东南四十里介山之下。

【译文】

晋文公赏赐跟随他逃亡的人，介之推没有提及禄位，禄位也没有给他。介之推说：“献公的儿子有九个，只有国君在世了。惠公、怀公没有亲近的人，国内国外都抛弃了他们。上天不使晋国绝后，必定会有君主。主持晋国祭祀的人，不是国君又会是谁？这实在是上天立他为君，而他们这些人却以为是自己的力量，这不是欺骗吗？偷别人的财物，尚且叫作盗，何况贪天之功以为自己的功劳呢？下面的人把贪功的罪过当成合理，上面的人对欺骗加以赏赐，上下相互欺蒙，这就难和他们相处了。”介之推的母亲说：“为什么不也去求赏？这样而死，又能怨谁？”介之推回答说：“明知错误而去效法，错误就更大了。而且我口出怨言，不能吃他的俸禄。”他母亲说：“也让他知道一下，怎么样？”介之推回答说：“说话，是身体的文饰。身体将要隐藏，哪里用得着文饰？这只不过是去求显露罢了。”他母亲说：“你能够这样吗？我和你一起隐居起来。”于是就隐居而死。晋文公派人到处找寻他没有找到，就把绵上的田封给他，说：“用这来记载我的过失，而且表扬好人。”

鲁展喜犒齐师

【原文】

夏，齐孝公伐我北鄙。……

公使展喜犒师，使受命于展禽。齐侯未入竟[1]，展喜从之，曰：“寡君闻君亲举玉趾，将辱于敝邑，使下臣犒执事。”齐侯曰：“鲁人恐乎？”对曰：“小人恐矣，君子则否。”齐侯曰：“室如悬罄[2]，野无青草，何恃而不恐？”对曰：“恃先王之命。昔周公、太公股肱周室，夹辅成王。成王劳之，而赐之盟曰：‘世世子孙，无相害也。’载在盟府，太师职之。桓公是以纠合诸侯，而谋其不协，弥缝其阙而匡救其灾，昭旧职也。及君即位，诸侯之望曰：‘其率桓之功。’我敝邑用不敢保聚，曰：‘岂其嗣世九年，而弃命废职，其若先君何？君必不然。’恃此以不恐。”齐侯乃还。

【注释】

〔1〕竟：同“境”。

〔2〕室如悬罄：罄同“磬”。磬为一种用石或玉雕成的乐器，中空，排在架上，敲之有声。室如悬罄是说家里什么东西也没有，空空荡荡，主要指粮食尽竭。

【译文】

夏季，齐孝公进攻我国北部边境……

僖公派遣展喜犒劳军队，派他向展禽请教如何措辞。齐孝公没有进入我国国境，展喜出境随从，说：“我的君主听说君王亲自出动大驾，将要光临敝邑，所以派遣下臣来慰劳您的左右侍从。”齐孝公说：“鲁国人害怕吗？”展喜回答说：“小人害怕了，君子就不。”齐孝公说：“房屋中像挂起的磬一样空无一物，四野里连青草都没有，靠什么不害怕？”展喜回答说：“靠着先王的命令。从前周公、太公辅佐周室，在左右协助成王。成王慰劳他们，赐给他们盟约，说：‘世世代代的子孙不要互相侵犯。’这个盟约藏在盟府之中，由太史掌管。桓公因此纠合诸侯，而商讨解决他们之间的纠纷，弥补他们的缺失，救援他们的灾难，这都是显扬过去的职责。等君王即位，各国盼望说：‘他会继续桓公的功业吧！’我敝邑因此不敢保城聚众，说：‘难道他即位九年，就背王命，废弃职责？他怎么对得住先君？他一定不会这样的。’靠着这个，所以不害怕。”齐孝公就收兵回国了。

齐縈姬盘　通高15厘米，宽55.5厘米，重11.39千克。内铸铭文：齊縈姬之嫚作寶盤。其眉壽萬年無疆，子子孫孫永寶之。

晋楚城濮之战

【原文】

楚子将围宋，使子文治兵于睽[1]，终朝而毕，不戮一人[2]。子玉复治兵于蒍[3]，终日而毕，鞭七人，贯三人耳。国老皆贺子文，子文饮之酒。蒍贾尚幼，后至，不贺。子文问之，对曰："不知所贺。子之传政于子玉，曰：'以靖国也。'靖诸内而败诸外，所获几何？子玉之败，子之举也，举以败国，将何贺焉？子玉刚而无礼，不可以治民，过三百乘[4]，其不能以入矣。'苟入而贺，何后之有？"

【注释】

〔1〕治兵：有多种意义，此指临战前的军事演习。

〔2〕戮：责罚。

〔3〕蒍：楚邑，地点不详。

〔4〕三百乘：春秋时以车战为主，每乘兵车配备人数，说法不一。杜预以为三百乘，合二万二千五百人，则是每乘七十五人。

【译文】

楚成王准备包围宋国，派遣子文在睽地演习作战，一早上就完事，没能杀一个人。子玉又在蒍地演习作战，一天才完事，鞭打七个人，用箭射穿三个人的耳朵。元老们都祝贺子文。子文招待他们喝酒，蒍贾年纪小，迟到了，不祝贺。子文问他，回答说："不知道祝贺什么。您把政权传给子玉，说：'为了安定国家'，安定于内而失败于外，所得到的有多少？子玉的对外作战失败，是由于您的推举。推举而使国家失败，有什么可贺的呢？子玉刚愎无礼，不能让他治理百姓，率领的兵车超过三百辆，恐怕就不能回来了。如果回来，再祝贺，嫌什么晚呢？"

【原文】

冬，楚子及诸侯围宋，宋公孙固如晋告急。先轸曰：

“报施救患，取威定霸，于是乎在矣。”狐偃曰：“楚始得曹而新昏于卫，若伐曹、卫，楚必救之，则齐、宋免矣。”于是乎蒐于被庐[1]，作三军，谋元帅。赵衰曰：“郤縠可。臣亟闻其言矣[2]，说礼乐而敦《诗》《书》[3]。《诗》《书》，义之府也；礼乐，德之则也；德义，利之本也。《夏书》曰：‘赋纳以言，明试以功，车服以庸。’君其试之。”乃使郤縠将中军，郤溱佐之。使狐偃将上军，让于狐毛而佐之。命赵衰为卿，让于栾枝、先轸。使栾枝将下军，先轸佐之。荀林父御戎，魏犨为右。

【注释】

〔1〕蒐：古时一种军礼。

〔2〕亟闻：屡次听到，常常听到。

〔3〕敦：治理。

【译文】

冬季，楚成王和诸侯包围宋国。宋国的公孙固到晋国报告紧急情况。先轸说：“报答施舍，救援患难，取得威望，成就霸业，都在这里了。”狐偃说：“楚国刚刚得到曹国，又新近在卫国娶妻，如果攻打曹、卫两国，楚国必定救援，那么齐国和宋国就可以免于被攻了。”晋国因此而在被庐阅兵，建立三个军，商量元帅的人选。赵衰说：“郤縠行。我屡次听到他的话，喜爱礼乐而重视《诗》《书》。《诗》《书》，是道义的府库；礼乐，是德行的法则；道德礼义，是利益的根本。《夏书》说：‘有益的话全部采纳，考察效果加以试验，如果成功，用车马衣服作为酬劳。’您不妨试一下！”于是晋国派郤縠率领中军，郤溱辅助他。派狐偃率领下军，狐偃让给狐毛而自己辅助他。任命赵衰为卿，赵衰让给栾枝、先轸。命栾枝率领下军，先轸辅助他。荀林父驾御战车，魏犨作为车右。

楚王酓璋戈　战国前期兵器，高22.3厘米，宽7.2厘米，重0.22千克。铸有铭文：作轾戈。以邵揚文武之口。楚王酓璋嚴犹南越用。

【原文】

晋侯始入而教其民，二年欲用之。子犯曰：“民未知义，未安其居。”于是乎出定襄王，入务利民，民怀生矣[1]，将用之。子犯曰："民未知信，未宣其用[2]。"于是乎伐原以示之信，民易资者[3]，不求丰焉[4]，明征其辞[5]。公曰："可矣乎？"子犯曰："民未知礼，未生其共。"于是乎大蒐以示之礼，作执秩以正其官[6]。民听不惑，而后用之。出穀戍，释宋围，一战而霸，文之教也。

（以上僖公二十七年）

【注释】

〔1〕怀生：安于生计。

〔2〕未宣其用：宣，明也。未明守信的作用。

〔3〕易资：易，交易。以货物交换财物。

〔4〕不求丰：丰，多得。不妄求多得财物，占对方便宜。

〔5〕明征其辞：明证其言无欺，恪守信义。

〔6〕执秩：掌管爵禄等级之官。

【译文】

晋文公一回国，就训练百姓，过了两年，就想使用他们。子犯说："百姓还不知道道义，还没能各安其位。"晋文公就离开晋国去安定周襄王的君位，回国后致力于便利百姓，百姓就各安于他们的生活了。又打算使用他们，子犯说："百姓还不知道信用，还不能十分明白信用的作用。"就攻打原国来让百姓看到信用，百姓做买卖不求暴利，交易分明，各无贪鄙。晋文公说："行了吗？"子犯说："百姓还不知道礼仪，没能产生他们的恭敬。"由此举行盛大阅兵来让百姓看到礼仪，建立执秩来规定官员的职责。等到百姓看到事情就能明辨是非，然后才使用他们。赶走穀地的驻军，解除宋国的包围，一次战争而称霸诸侯，这都是文公的教化。

【原文】

二十八年春，晋侯将伐曹，假道于卫，卫人弗许。还，自南河济[1]，侵曹伐卫。正月戊申，取五鹿[2]。二月，晋郤縠卒。原轸将中军，胥臣佐下军，上德也。

晋侯、齐侯盟于敛盂[3]。卫侯请盟，晋人弗许。卫侯欲与楚，国人不欲，故出其君，以说于晋。卫侯出居于襄牛[4]。

公子买戍卫，楚人救卫，不克。公惧于晋，杀子丛以说焉。谓楚人曰："不卒戍也。"

【注释】

〔1〕南河：南河即南津，亦称济河、棘河，在今河南省淇县南，延津县北，河道现已淤塞。

〔2〕五鹿：卫地，在今河南省濮阳县南。

〔3〕敛盂：卫地，在今河南省濮阳县东南。

〔4〕襄牛：卫地，在今山东省范县境内。

【译文】

二十八年春季，晋文公准备攻打曹国，向卫国借路。卫国不答应。回来，从南河渡过黄河，入侵曹国，攻打卫国。正月初九日，占取了五鹿。二月，郤縠死。原轸率领中军，胥臣辅助下军，把原轸提升，是为了重视才德。

晋文公和齐昭公在敛盂结盟。卫成公请求参加盟约，晋国人不答应。卫成公想结好楚国。国内的人们不愿意，所以赶走了他们的国君，来讨好晋国。卫成公离开国都住在襄牛。

公子买在卫国驻守，楚国人救援卫国，没有得胜。鲁僖公害怕晋国，杀了公子买来讨好晋国。骗楚国人说："他驻守没有满期就想走，所以杀了他。"

【原文】

晋侯围曹，门焉，多死，曹人尸诸城上，晋侯患之。听舆人之谋曰，称舍于墓。师迁焉，曹人凶惧，为其所得者，棺而出之。因其凶也而攻之。三月丙午，入曹。数之以其不用僖负羁，而乘轩者三百人也，且曰献状。令无入僖负羁之宫而免其族，报施也。魏犨，颠颉怒曰："劳之不图，报于何有？"爇僖负羁氏。魏犨伤于胸，公欲杀之，而爱其材。使问且视之，病，将杀之。魏犨束胸见使者，曰："以君之灵，不有宁也。"距跃三百，曲踊三百，乃舍之。杀颠颉以徇于师，立舟之侨以为戎右。

【译文】

晋文公发兵包围曹国，攻城，战死的人很多。曹军把晋军的尸体陈列在城上，晋文公很担心。听了士兵们的主意，声称“在曹国人的墓地宿营”。军队转移。曹国人恐惧，把他们得到的晋军尸体装进棺材运出来。晋军由于曹军恐惧而攻城。三月初八日，进入曹国，责备曹国不任用僖负羁，做官坐车的反倒有三百人，并且说当年观看自己洗澡，现在罪有应得。下令不许进入僖负羁的家里，同时赦免他的族人，这是为了报答恩惠。魏犫、颠颉发怒说：“不为有功劳苦劳的人着想，还报答个什么恩惠？”放火烧了僖负羁的家。魏犫胸部受伤，晋文公想杀死他，但又爱惜他的才能，派人去慰问，同时观察病情。如果伤势很重，就准备杀了他。魏犫捆紧胸膛出见使者，说：“由于国君的威灵，难道我敢图安逸吗！”说着就向上跳了很多次，又向前跳了很多次。晋文公于是就饶恕了他，而杀死颠颉通报全军，立舟之侨作为车右。

【原文】

宋人使门尹般如晋师告急。公曰：“宋人告急，舍之则绝，告楚不许。我欲战矣，齐、秦未可，若之何？”先轸曰：“使宋舍我而赂齐、秦，藉之告楚。我执曹君，而分曹、卫之田以赐宋人。楚爱曹、卫，必不许也。喜赂怒顽，能无战乎？”公说，执曹伯，分曹、卫之田以畀宋人。

【译文】

宋国派门尹般到晋军中报告情况危急。晋文公说：“宋国来报告危急情况，不去救他就断绝了交往，请求楚国解围，他们又不答应。我们想作战，齐国和秦国又不同意。怎么办？”先轸说：“让宋国丢开我国而去给齐国、秦国赠送财礼，假借他们两国去请求楚国。我们逮住曹国国君，把曹国、卫国的田地分给宋国。楚国喜欢曹国、卫国，必定不答应齐国和秦国的请求。齐国和秦国喜欢宋国财礼而对楚国固执生气，能够不打仗吗？”晋文公很高兴，拘捕了曹共公，把曹国和卫国的田地分给了宋国人。

金虎符　出土于陕西省凤翔县，仅存半符。高2.3厘米，长4.8厘米，重35.6千克。金制。现存西安市文物保护考古所。

【原文】

楚子入居于申，使申叔去穀，使子玉去宋，曰："无从晋师，晋侯在外十九年矣，而果得晋国。险阻艰难，备尝之矣；民之情伪，尽知之矣。天假之年，而除其害，天之所置，其可废乎？《军志》曰[1]：'允当则归。'又曰：'知难而退。'又曰：'有德不可敌。'此三志者。晋之谓矣。"子玉使伯棼请战，曰："非敢必有功也，愿以间执谗慝之口。"王怒，少与之师，唯西广、东宫与若敖之六卒实从之。

【注释】

〔1〕军志：古之兵书，已佚。

【译文】

楚成王进入申城并住下来，让申叔离开穀地，让子玉离开宋国，说："不要去追逐晋国军队！晋文公在外边，十九年了，而结果得到了晋国。险阻艰难，都尝过了；民情真假，都知道了。上天给予他年寿，同时除去了他的祸害，上天所设置的，难道可以废除吗？《军志》说：'适可而止'。又说'知难而退'。又说：'有德的人不能抵挡。'三条记载，适用于晋国。"子玉派遣伯棼向成王请战，说："不敢说一定有功劳，愿意以此塞住奸邪小人的嘴巴。"楚成王发怒，少给他军队，只有西广、东宫和若敖的一百八十辆战车跟去。

【原文】

子玉使宛春告于晋师曰："请复卫侯而封曹，臣亦释宋之围。"子犯曰："子玉无礼哉！君取一，臣取二，不可失矣。"先轸曰："子与之，定人之谓礼，楚一言而定三国，我一言而亡之，我则无礼，何以战乎？不许楚言，是弃宋也；救而弃之，谓诸侯何？楚有三施，我有三怨，怨雠已多，将何以战？不如私许复曹、卫以携之，执宛春以怒楚，既战而后图之。"公说，乃拘宛春于卫，且私许复曹、卫，曹、卫告绝于楚。

【译文】

子玉派宛春到晋军中报告说："请恢复卫侯的君位，同时把土地退还曹国，我也解除对宋国的包围。"子犯说："子玉无礼啊！给君王的，只是解除对宋国的包围一项，而要求君王给出的，却是复卫封曹两项。这次打仗的机会不可失掉了。"先轸说："君王答应他，安定别人叫作礼，楚国一句话而安定三国，我们一句话而使它们灭亡。我们就无礼，拿什么来作战呢？不答应楚国的请求，这是抛弃宋国；救援了又抛弃他，将对诸侯说什么？楚国有三项恩惠，我们有三项怨仇。怨仇已经多了，准备拿什么作战？不如私下里答应恢复曹国和卫国来离间他们，逮了宛春来激怒楚国，等打起仗再说。"晋文公很高兴。于是把宛春囚禁在卫国，同时私下里允诺恢复曹、卫，曹、卫就与楚国绝交。

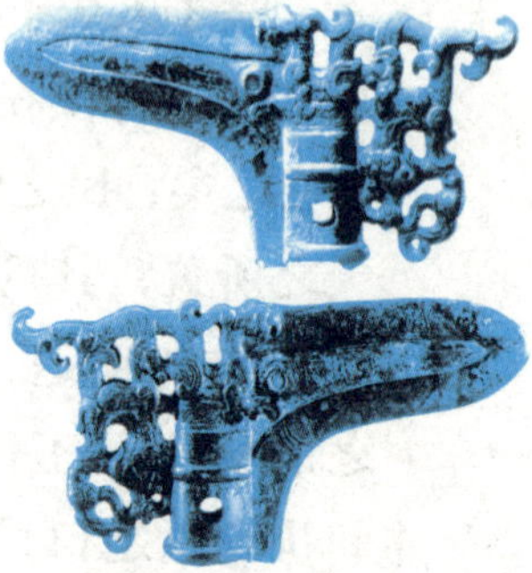

邗王是野戈　春秋后期兵器，通高64.8厘米，宽38.8厘米，重29千克。

【原文】

子玉怒，从晋师。晋师退。军吏曰："以君避臣，辱也；且楚师老矣，何故退？"子犯曰："师直为壮，曲为老，岂在久乎！微楚之惠不及此，退三舍辟之，所以报也。背惠食言，以亢其雠，我曲楚直，其众素饱，不可谓老。我退而楚还，我将何求？若其不还，君退臣犯，曲在彼矣。"退三舍。楚众欲止，子玉不可。

【译文】

子玉发怒，追逐晋军。晋军撤退。军吏说："以国君而躲避臣下，这是耻辱；而且楚军已经衰疲，为什么退走？"子犯说："出兵作战，有理就气壮，无理就气衰，哪里在于在外边时间的长短呢？如果没有楚国的恩惠，我们到不了这里。退三舍躲避他们，就是作为报答。背弃恩惠而说话不算数，要用这个来蔽护他们的敌人，我们理曲而楚国理直，加上他们的士气一向饱满，不能认为是衰疲。我们退走而楚军回去，我们还要求什么？如果他们不回去，国君退走，而臣下进犯，他们就缺理了。"晋军退走三舍。楚国骑士要停下来，子玉不同意。

【原文】

夏四月戊辰，晋侯、宋公、齐国归父、崔夭、秦小子慭次于城濮。楚师背酅而舍[1]，晋侯患之。听舆人之诵曰：“原田每每[2]，舍其旧而新是谋。”公疑焉。子犯曰：“战也！战而捷，必得诸侯。若其不捷，表里山河，必无害也。”公曰：“若楚惠何？”栾贞子曰“汉阳诸姬，楚实尽之。思小惠而忘大耻，不如战也。”晋侯楚与楚子搏，楚子伏己而盬其脑，是以惧。子犯曰：“吉。我得天，楚伏其罪，吾且柔之矣。”

【注释】

〔1〕背酅而舍：背靠险阻之地安营，以示决战之志。

〔2〕原田每每：宽阔平坦的土地，植物生长繁茂。

【译文】

夏四月初一日，晋文公、宋成公、齐国的国归父、崔夭、秦国的小子慭驻在城濮。楚军背靠着险要丘陵扎营，晋文公担心这件事。听到士兵念诵说：“休耕田里的绿草油油，丢开旧的而对新的加以犁锄。”晋文公很怀疑。子犯说：“出战吧！战而得胜，一定得到诸侯；如果不胜，我国外有大河，内有高山，一定没有什么害处。”晋文公说：“对楚国的恩惠怎么办？”栾枝说：“汉水以北的姬姓诸国，楚国都把它们吞并完了。想着小恩惠，而忘记大耻大辱，不如出战。”晋文公梦见和楚王搏斗，楚王伏在自己身上吸饮自己的脑浆，因而害怕。子犯说：“吉利。我得到上天，楚国伏罪，而且我们已经安抚他们了。”

【原文】

子玉使斗勃请战，曰：“请与君之士戏，君冯轼而观之，得臣与寓目焉。”晋侯使栾枝对曰：“寡君闻命矣。楚君之惠，未之敢忘，是以在此。为大夫退，其敢当君乎？既不获命矣，敢烦大夫谓二三子：‘戒尔车乘，敬尔君事，诘朝将见。’”

晋车七百乘，韅、靷、鞅、靽。晋侯登有莘之虚以观师，曰[1]：“少长有礼，其可用也。”遂伐其木，以益其兵[2]。

【注释】

〔1〕有莘之虚：虚同“墟”，土丘或废城址，此指莘国之废城墙。莘国故城当在今山东省曹县西北。

〔2〕兵：指兵器，如矛、戈等，皆以木为柄，伐木充作兵器之柄，以增兵器数量。

【译文】

子玉派遣斗勃向晋国请战，说：“请和君王的斗士作一次角力游戏，君王靠在车横板上观看，得臣可以陪同君王一起观看了。”晋文公派遣栾枝回答说：“我们国君知道您的意思了。楚君的恩惠，没有敢忘记，所以待在这里。以为大夫已经退兵了，臣下难道敢抵挡国君吗？既然大夫不肯退兵那就烦大夫对贵部将士们说：‘驾好你们的战车，忠于你们的国事，明天早晨将再见面。’”

晋国战车七百辆，装备齐全。晋文公登上有莘的废城观看军容，说：“年少的和年长的，排列有序，合于礼，可以使用了。”就命令砍伐山上的树木，以增加武器。

【原文】

己巳，晋师陈于莘北，胥臣以下军之佐当陈、蔡。子玉以若敖之六卒将中军，曰：“今日必无晋矣。”子西将左，子上将右。胥臣蒙马以虎皮，先犯陈、蔡。陈、蔡奔，楚右师溃。狐毛设二旆而退之。栾枝使舆曳柴而伪遁，楚师驰之，原轸、郤溱以中军公族横击之。狐毛、狐偃以上军，夹攻子西，楚左师溃，楚师败绩，子玉收其卒而止，故不败。

晋师三日馆穀，及癸酉而还。甲午，至于衡雍，作王宫于践土。

【译文】

初二日，晋军在莘北摆开阵势，胥臣让下军分别抵挡陈、蔡军队。子玉用若敖的一百八十乘率领中军，说：“今天就一定没有晋国了。”子西率领左军，子上率领右军。胥臣把马蒙上老虎皮，先攻陈、蔡两军。陈、蔡两军奔逃，楚军的右翼部队溃散。狐毛派出前军两队击退楚军的溃兵，栾枝让车子拖着木柴假装逃走，楚军追击，原轸、郤溱率领中军的禁卫军拦腰袭击。狐毛、狐偃率领上军夹攻子西，楚国的左翼部队溃散。楚军大败。子玉早收兵，仅他的直属部队得以不败。

晋军休整三天，吃楚军留下的粮食，到初六日起程回国。二十七日，到达衡雍，为天子在践土建造了一座王宫。

【原文】

乡役之三月，郑伯如楚致其师。为楚师既败而惧，使子人九行成于晋。晋栾枝入盟郑伯。五月丙午，晋侯及郑伯盟于衡雍。丁未，献楚俘于王：驷介百乘，徒兵千。郑伯傅王，用平礼也。己酉，王享醴，命晋侯宥。王命尹氏及王子虎、内史叔兴父策命晋侯为侯伯。赐之大辂之服〔1〕，戎辂之服〔2〕，彤弓一〔3〕，彤矢百，玈弓矢千〔4〕，秬鬯一卣〔5〕，虎贲三百人。曰："王谓叔父，敬服王命，以绥四国，纠逖王慝。"晋侯三辞，从命，曰："重耳敢再拜稽首，奉扬天子之丕显休命〔6〕。"受策以出，出入三觐。

【注释】

〔1〕大辂：大车也。天子之车称大辂，祭祀时乘用，可以赐有功之诸侯。大辂为总名，又具体分为玉、金、象、革、木辂五种，赠予同姓诸侯为金辂，即以金为装饰之车。

〔2〕戎辂：兵车。大辂、戎辂各有不同服饰，也配套赠予。

〔3〕彤弓：赤色之弓。

〔4〕玈弓：黑色之弓。天子赐诸侯弓矢，表示授予征伐之权，可以代天子行事。

荣簋　西周早期，通高14.8厘米，宽28.8厘米，重1千克。内铸铭文：唯正月甲申，榮格，王休賜厥臣父榮瓚、王祼貝百朋。對揚天子休，用作寶尊彝。

〔5〕秬鬯一卣：秬为黑黍。鬯，香草。秬鬯即指用黑黍加香草酿成的香酒，古人用以降神。卣：盛酒器。

〔6〕丕显休命：丕，大也。休，美也。光大昭明王之美好策命。

【译文】

这一战役之前的三个月，郑文公派军队到楚国助战，因为楚军已经失败而害怕了，派遣子人九和晋国讲和。晋国的栾枝进入郑国和郑文公订立盟约。五月初九日，晋文公和郑文公在衡雍结盟。初十日，把楚国的战俘献给周天子：驷马披甲的战车一百辆，步兵一千人。郑文公作为相礼，用的是周平王时的礼仪。十二日，周天子设享礼用甜酒招待晋文公，又允许他向自己回敬酒。周天子命令尹氏和王子虎、内史叔兴父用策书任命晋文公为诸侯的领袖，赐给他大辂车、戎辂车以及相应的服装仪仗，红色的弓一把、红色的箭一百枝，黑色的弓十把和箭一千枝，黑黍加香草酿造的酒一卣，勇士三百人，说："天子对叔父说：'恭敬地服从天子的命令，以安抚四方诸侯，惩治王朝的邪恶。'"晋文公辞谢三次，然后接受命令，说："重耳谨再拜叩头，接受和宣扬天子的重大赐命。"接受了策书离开成周。从进入成周到离开，朝觐三次。

【原文】

卫侯闻楚师败，惧出奔楚，遂适陈，使元咺奉叔武以受盟。癸亥，王子虎盟诸侯于王庭，要言曰："皆奖王室，无相害也。有渝此盟，明神殛之，俾队其师，无克祚国，及尔玄孙，无有老幼。"君子谓是盟也信，谓晋于是役也，能以德攻。

【译文】

卫成公听说楚军失败，害怕，逃亡到楚国，又到陈国，派遣元咺奉事叔武去接受盟约。二十六日，王子虎和诸侯在天子的庭院里盟誓，约定说："全部辅助王室，不要互相伤害！谁要违背盟约，就要受到神的诛杀，使他军队颠覆，不能享有国家，直到你的玄孙，不论老小。"君子认为这次结盟是守信用的，认为晋国在这次战役中能够用道德来进攻。

【原文】

初，楚子玉自为琼弁、玉缨[1]，未之服也。先战，梦河神谓己曰："畀余，余赐女孟诸之麋[2]。"弗致也，大心与子西使荣黄谏，弗听。荣季曰："死而利国，犹或为之，况琼玉乎？是粪土也，而可以济师，将何爱焉？"弗听。出告二子曰："非神败令尹，令尹其不勤民，实自败也。"既败，王使谓之曰："大夫若入，其若申、息之老何？"子西、孙伯曰："得臣将死。"二臣止之，曰："君其将以为戮。"及连穀而死。

晋侯闻之，而后喜可知也，曰："莫余毒也已！ 芀吕臣实为令尹，奉己而已，不在民矣。"

【注释】

〔1〕琼弁、玉缨：皆为马的装饰品。琼弁为饰以赤玉的马冠，即在马笼头上缀以赤玉。琼为赤玉。玉缨是在马护颈之革上饰以玉。

〔2〕孟诸之麋：孟诸指宋国之薮泽地，在今河南省商丘县东北。麋同"湄"，水边草地。

【译文】

当初，楚国的子玉自己制作了镶玉的马冠马鞅，还没有使用。作战之前，梦见黄河河神对他说："送给我，我赐给你孟诸的水草地。"子玉没有送去。他儿子大心和子西让荣黄劝谏，子玉不听。荣黄说："死而有利于国家，尚且还要去做，何况是美玉呢？和国家比起来这不过是粪土而已。如果可以使军队成功，有什么可爱惜的？"子玉仍然不肯。荣黄出来告诉两个人说："不是神明让令尹失败，令尹不以百姓的事情为重，实在是自取失败啊。"子玉失败之后，楚成王派使臣对子玉说："申、息的子弟大多伤亡了，大夫如果回来，怎么向申、息两地的父老交代呢？"子西、大心说："子玉打算自杀，我们两个阻拦他说：'不要自杀，国君还准备杀你呢。'"到达连谷，子玉就自杀了。

晋文公听说子玉自杀，喜形于色，说："没有人来害我了。 芀吕臣做令尹，不过是奉养自己而已，并不是为了百姓。"

烛之武退秦师

【原文】

九月甲午，晋侯、秦伯围郑，以其无礼于晋，且贰于楚也。晋军函陵〔1〕，秦军氾南〔2〕。

佚之狐言于郑伯曰："国危矣，若使烛之武见秦君，师必退。"公从之。辞曰："臣之壮也，犹不如人，今老矣，无能为也已。"公曰："吾不能早用子，今急而求子，是寡人之过也。然郑亡，子亦有不利焉。"许之。

【注释】

〔1〕函陵：在今河南省新郑县北十三里。

〔2〕氾南：氾，水名。氾南指今河南省中牟县一带。

【译文】

九月初十，晋文公、秦穆公包围郑国，因为郑国对晋国无礼，而且心向着楚国。晋军驻扎在函陵，秦军驻扎在氾南。

伯盂　通高39.5厘米，口径53.3厘米，重35.8千克。铸有铭文：伯作寶尊盂，其万年孙子永寶用享。

佚之狐对郑文公说："国家危急了。如果派遣烛之武去进见秦君，军队一定退走。"郑文公采纳了这个建议，烛之武推辞说："下臣年壮的时候，尚且不如别人；现在老了，无能为力了。"郑文公说："我没有能及早任用您，现在形势危急而来求您，这是我的过错。然而郑国被灭亡，对您也不好啊。"烛之武答应了。

【原文】

夜，缒而出[1]，见秦伯曰："秦、晋围郑，郑既知亡矣。若亡郑而有益于君，敢以烦执事。越国以鄙远，君知其难也，焉用亡郑以倍邻？邻之厚，君之薄也。若舍郑以为东道主，行李之往来[2]，共其乏困[3]，君亦无所害。且君尝为晋君赐矣，许君焦、瑕，朝济而夕设版焉，君之所知也。夫晋，何厌之有？既东封郑，又欲肆其西封，若不阙秦，将焉取之？阙秦以利晋，唯君图之。"

【注释】

〔1〕缒：索。

〔2〕行李：往来之使臣。

〔3〕共其乏困：供其食宿之需。

【译文】

烛之武夜里用绳子把自己从城上吊到城外，进见秦穆公，说："秦、晋两国包围郑国，郑国已经知道自己要灭亡了。如果灭亡郑国而对君主有好处，那是值得劳动君王左右随从的。越过别国而以远方的土地作为边邑，君王知道是不容易的，哪里用得着灭亡郑国来为邻国增加土地？邻国实力加强，就是君王的削弱。如果赦免郑国，让他做东路上的主人，使者的往来，供应他所缺少的一切，对君王也没有害处。而且君王曾经把好处赐给晋国国君了，他答应给君王焦、瑕两地，早晨渡过河回国，晚上就设版筑城，这是君王所知道的。晋国哪有满足？已经在东边向郑国开拓土地，又要肆意扩大它西边的土地。如果不损害秦国，还能到哪里去取得土地呢？损害秦国来有利于晋国的事，请君王考虑。”

【原文】

秦伯说，与郑人盟，使杞子、逢孙、扬孙戍之。乃还。

子犯请击之。公曰：“不可。微夫人之力不及此。因人之力而敝之[1]，不仁；失其所与，不知；以乱易整，不武。吾其还也。”亦去之。

【注释】

〔1〕敝：败也。

【译文】

秦穆公很高兴，和郑国人结盟，派遣杞子、逢孙、杨孙在郑国戍守，就撤退了。

子犯请求攻击秦军。晋文公说：“不行。如果没有他们的力量，我们不会有今天这个地位。靠了别人的力量，反而损害他，这是不仁；失掉了同盟国家，这是不智；用动乱代替整齐，这是不武。我还是回去吧。”晋文公也就撤军回国。

秦晋殽之战

【原文】

冬，晋文公卒。庚辰，将殡于曲沃[1]。出绛，柩有声如牛。卜偃使大夫拜，曰：“君命大事：将有西师过轶我[2]，击之，必大捷焉。”

杞子自郑使告于秦曰：“郑人使我掌其北门之管，若潜师以来，国可得也。”穆公访诸蹇叔，蹇叔曰：“劳师以袭远，非所闻也。师劳力竭，远主备之，无乃不可乎！师知所为，郑必知之；勤而无所，必有悖心。且行千里，其谁不知？”公辞焉。召孟明、西乞、白乙，使出师于东门之外。蹇叔哭之曰：“孟子，吾见师之出而不见其入也。”公使谓之曰：“尔何知？中寿，尔墓之木拱矣。”蹇叔之子与师，哭而送之曰：“晋人御师必于崤。崤有二陵焉，其南陵，夏后皋之墓也；其北陵，文王之所辟风雨也。必死是间，余收尔骨焉。”秦师遂东。

（以上僖公三十二年）

【注释】

〔1〕殡：人死入殓而未葬称殡。

〔2〕西师过轶我：西邻之师自我后部越过到前面。轶，自后过前曰轶。

【译文】

冬季，晋文公死。十二月初十，准备把棺材在曲沃停放。离开绛城，棺材里有声音像牛叫。卜偃请大夫跪拜，说：“国君发布军事命令：将要有西边的军队过境袭击我国，如果攻击他们，必定大胜。”

杞子从郑国派人告诉秦国说：“郑国人让我掌管他们北门的钥匙，如果偷偷发兵前来，可以占领他们的国都。”秦穆公去问蹇叔。蹇叔说：“使军队疲劳而去侵袭相距遥远的地方，我没有听说过，军队疲劳，力量衰竭，远地的国家有防备，恐怕不行吧！我们军队的行动，郑国一定知道，费了力气不讨好，士兵一定有抵触情绪。而且行军一千里，谁会不知道？”秦穆公不接受他的意见。召见孟明、西乞、白乙，让他们在东门外出兵。蹇叔哭着送他们说：“孟子，我看到军队出去而看不到回来了！”秦穆公派人对他说：“你知道什么？如果你六十七岁死了，你坟上的树木已经合抱了。”蹇叔的儿子在军队里，蹇叔哭着送他，说：“晋国人必定在崤山抵御我军。崤山有两座山陵，它的南陵，是夏后皋的坟墓；它的北陵，是文王避过风雨的地方。你必定死在两座山陵之间，我去那里收你的尸骨吧！”秦国军队就出发东进。

【原文】

三十三年春，秦师过周北门，左右免胄而下，超乘者三百乘[1]。王孙满尚幼，观之，言于王曰：“秦师轻而无礼，必败。轻则寡谋，无礼则脱[2]。入险而脱，又不能谋，能无败乎？”

及滑，郑商人弦高将市于周，遇之。以乘韦先[3]，牛十二犒师，曰：“寡君闻吾子将步师出于敝邑，敢犒从者。不腆敝邑[4]，为从者之淹，居则具一日之积，行则备一夕之卫。”且使遽告于郑。

【注释】

〔1〕左右免胄而下：胄为武士的头盔，古称兜鍪。古之兵车，御者在中，持弓者在左，持矛者在右。过王城时，左右下车并脱去头盔，表示向天子致敬。

〔2〕脱：疏略，疏忽。

〔3〕以乘韦先：先送上四张熟皮革。古人馈赠礼品先以薄物为引，后送贵重之物。乘，四。韦，熟皮革。

〔4〕不腆：为当时客套话，不富厚之意。

【译文】

三十三年春季，秦国军队经过成周王城的北门，战车上除御者以外，车左、车右都脱去头盔下车致敬，随即跳上车去的有三百辆战车的将士。王孙满年纪还小，看到了，对周天子说：“秦国军队轻佻而无礼，一定失败。轻佻就缺少计谋，无礼就满不在乎。进入险地而满不在乎，又不能出主意，能够不打败仗吗？”

兽面纹胄　商代后期，通高22.8厘米，宽22.5厘米，重1.78千克。

秦军到达滑国，郑国的商人弦高准备到成周做买卖，碰到秦军，先送秦军四张熟牛皮作引礼，再送十二头牛犒劳军队，说：“寡君听说您准备行军经过敝邑，谨来犒赏您的随从。敝邑贫乏，为了您的随从在这里停留，住下就预备一天的供应，离开就准备一夜的保卫。”弦高同时又派邮车紧急向郑国报告。

【原文】

郑穆公使视客馆，则束载、厉兵、秣马矣。使皇武子辞焉，曰：“吾子淹久于敝邑，唯是脯资饩牵竭矣。为吾子之将行也，郑之有原圃，犹秦之有具囿也[1]，吾子取其麋鹿，以闲敝邑，若何？”杞子奔齐，逢孙、杨孙奔宋。

孟明曰："郑有备矣，不可冀也。攻之不克，围之不继，吾其还也。"灭滑而还。……

【注释】

〔1〕原圃：与下面"具囿"皆为放养禽兽的猎场。原圃在今河南省中牟县西北。具囿在今陕西省凤翔县境内。

【译文】

郑穆公派人去探看杞子等人的馆舍，发现他们已经装束完毕，磨利武器，喂饱马匹了。派皇武子辞谢他们，说："大夫们久住在这里，敝邑的干肉、粮食、牲口都竭尽了。为了大夫们将要离开，郑国的有原圃，就如同秦国的有具囿，大夫们自己猎取麋鹿，使敝邑得有闲空，怎么样？"于是杞子逃到齐国，逢孙、杨孙逃到宋国。

孟明说："郑国有准备了，不能存有希望了。攻打郑国不能取胜，包围它又没有后援，我还是回去吧。"灭亡了滑国就回去。……

【原文】

晋原轸曰："秦违蹇叔，而以贪勤民，天奉我也。奉不可失，敌不可纵，纵敌患生，违天不祥，必伐秦师。"栾枝曰："未报秦施，而伐其师，其为死君乎？"先轸曰："秦不哀吾丧，而伐吾同姓，秦则无礼，何施之为？吾闻之，一日纵敌，数世之患也。谋及子孙，可谓死君乎？"遂发命，遽兴姜戎，子墨衰绖梁弘御戎。莱驹为右。

夏四月辛巳，败秦师于殽，获百里孟明视、西乞术、白乙丙以归。遂墨以葬文公，晋于是始墨〔1〕。

文嬴请三帅，曰："彼实构吾二君，寡君若得而食之，不厌，君何辱讨焉！使归就戮于秦，以逞寡君之志，若何？"公许之。

先轸朝，问秦囚。公曰："夫人请之，吾舍之矣。"先轸怒曰："武夫力而拘诸原，妇人暂而免诸国〔2〕，堕军实而长寇雠〔3〕，亡无日矣。"不顾而唾。

【注释】

〔1〕始墨：由此开始，以穿黑色丧服为常俗。

〔2〕暂：借为“渐”，欺诈也。此句意思是指妇人用欺诈言辞使之在都城得到赦免。

〔3〕堕军实：堕，毁也。军实指俘获之秦囚。毁弃将士们获得之战果。

【译文】

晋国的先轸说：“秦君违背蹇叔的话，由于贪婪而劳动百姓，这是上天给予我们的机会。给予的不能丢失，敌人不能放走。放走敌人，就会发生祸患；违背天意，就不吉利。一定要进攻秦国军队。”栾枝说：“没有报答秦国的恩惠而进攻它的军队，心目中还有死去的国君吗？”先轸说：“我们有丧事秦国不悲伤，反而攻打我们的同姓国家，他们就是无礼，还讲什么恩惠？我听说：‘一天放走敌人，就是几代的祸患。’为子孙后代打算，这可以有话对死去的国君说了吧！”于是就发布起兵的命令，立即动员姜戎的军队。晋襄公把丧服染成黑色，梁弘驾御战车，莱驹作为车右。

夏四月十三日，在殽山打败秦国军队，并且俘虏了三个指挥官百里孟明视、西乞术、白乙丙回去。于是就穿着黑色的丧服来安葬晋文公。晋国从此开始使用黑色丧服。

文嬴请求把三位指挥官释放回国，说：“他们挑拨我们两国国君，寡君如果抓到他们，吃他们的肉还不能满足，何必劳君王去讨伐呢？让他们回到秦国受诛杀，以使寡君快意，怎么样？”晋襄公答应了。

先轸上朝，问起秦国的囚犯，晋襄公说：“母亲代他们提出请求，我就放走他们了。”先轸生气地说：“武人花力气在战场上逮住他们，女人说几句谎话就把他们在国都放了，毁伤战果而长了敌人的志气，晋国快要灭亡了！”先轸不顾襄公在面前就往地上吐唾沫。

【原文】

公使阳处父追之。及诸河，则在舟中矣。释左骖〔1〕，以公命赠孟明。孟明稽首曰：“君之惠，不以累臣衅鼓〔2〕，使归就戮于秦，寡君之以为戮，死且不朽。若从君惠而免之，三年将拜君赐。”

秦伯素服郊次，乡师而哭曰：“孤违蹇叔，以辱二三子，孤之罪也。不替孟明，孤之过也，大夫何罪？且吾不以一眚掩大德〔3〕。”

（以上僖公三十三年）

【注释】

〔1〕释左骖：古之兵车由四匹马并列驾驶，左面的一匹称左骖。释左骖就是把左面那匹马解下来。

〔2〕衅鼓：以血涂鼓。古代器物如钟、鼓等新成，要杀牲以血涂祭，称衅。此处所说衅鼓，即杀死之意。

〔3〕眚：过。

【译文】

晋襄公派阳处父追赶放走的三个人，追到黄河边上，他们已经上船了。阳处父解下车左边的骖马，用晋襄公的名义赠送他们。孟明叩头说："蒙君王的恩惠，不用被囚之臣来祭鼓，让我们回到秦国去受诛戮，寡君如果杀了我们，死而不朽，如果依从君王的恩惠而赦免我们，三年之后将要拜谢君王恩赐。"

秦穆公穿着素服住在郊外，对着被释放回来的将士号哭，说："我没有听蹇叔的话，使你们几位受到侮辱，这是我的罪过。不撤回孟明的驻军，这也是我的过错。你们三位有什么罪？而且我不能用一次的过错来掩盖大德。"

晋灵公不君

【原文】

晋灵公不君，厚敛以彫墙，从台上弹人而观其辟丸也。宰夫胹熊蹯不熟〔1〕。杀之，置诸畚，使妇人载以过朝。赵盾、士季见其手，问其故而患之。将谏，士季曰："谏而不入，则莫之继也。会请先，不入，则子继之。"三进〔2〕，及溜而后视之〔3〕，曰："吾所知过矣，将改之。"稽首而对曰："人谁无过？过而能改，善莫大焉。《诗》曰：'靡不有初，鲜克有终〔4〕。'夫如是则能补过者鲜矣。君能有终，则社稷之固也，岂唯群臣赖之。又曰：'衮职有阙，惟仲山甫补之。'能补过也。君能补过，衮不废矣。"

【注释】

〔1〕胹熊蹯不熟：烹制熊掌未达到烂熟。

〔2〕三进：入门为一进，到庭院为二进，到阶前为三进。

〔3〕溜：屋檐平。

〔4〕靡不有初，鲜克有终：见《诗经·大雅·荡》，意为人们开始无不为善，但很少能坚持到底，善始善终。用以比喻灵公能改过，很难得。

【译文】

蔡子鼎　春秋后期，通高 33 厘米，宽 28.2 厘米，口径 23 厘米，重 6.77 千克。

晋灵公做事违反为君之道：重重地征税用来彩画墙壁，从高台上用弹丸打人而看他们躲避弹丸的形状；厨子烧煮熊掌不熟，灵公杀死他，放在畚箕里，让女人用头顶着走过朝廷。赵盾和士会看到死尸的手，问起杀人的缘故，感到担心，准备进谏。士会对赵盾说："你劝谏他如果听不进去，就没有人接着劝谏了。请让士会先去，不听，你再接着劝谏。"士会前进三次，到达屋檐下，晋灵公才转眼看他，说："我知道错了，打算改正。"士会叩头回答说："一个人谁没有错，有了过错能够改正，就没有比这再好的事情了。《诗》说：'事情无不有个好开始，很少能有个好结果。'像你这样，知错即改的人就很少了。君王能够有好结果，那就是国家的保障了，岂只仅仅臣下们依靠它。《诗》又说：'周宣王有了过失，只有仲山甫来弥补。'这说的是君王能够弥补错失，礼服就不会丢弃了。"

【原文】

犹不改。宣子骤谏，公患之，使钼麑贼之。晨往，寝门辟矣。盛服将朝。尚早，坐而假寐。麑退，叹而言曰："不忘恭敬，民之主也。贼民之主，不忠，弃君之命，不信。有一于此，不如死也。"触槐而死。

秋九月，晋侯饮赵盾酒，伏甲将攻之。其右提弥明知之，趋登曰："臣侍君宴。过三爵，非礼也。"遂扶以下。公嗾夫獒焉[1]，明搏而杀之。盾曰："弃人用犬，虽猛何为！"斗且出。提弥明死之。

【注释】

〔1〕嗾：用声音指使狗。獒：大犬，猛犬。

【译文】

晋灵公尽管口头上说要改错，行动上还是不改正。赵盾屡次进谏，晋灵公很讨厌，派遣钽麑去刺杀他。一天清早，赵盾的卧室门已经开了，穿得整整齐齐，准备入朝。时间还早，赵盾正坐着打瞌睡，钽麑退出来，叹气说："不忘记恭敬，真是百姓的主人。刺杀百姓的主人，就是不忠；放弃国君的使命，就是不信。两件事情有了一件，不如死了好。"撞在槐树上死去了。

秋九月，晋灵公请赵盾喝酒，埋伏下甲士，打算杀死赵盾。赵盾的车右提弥明察觉了，快步登上殿堂，说："臣下侍奉国君饮酒，超过三杯，就不合礼了。"于是就扶了赵盾下殿。晋灵公嗾使恶狗扑过去，提弥明上前搏斗，把狗杀了。赵盾说："丢开人而利用狗，虽然凶猛，又有什么用！"赵盾一边搏斗一边退了出去，提弥明被杀死在里边。

【原文】

初。宣子田于首山[1]，舍于翳桑[2]，见灵辄饿，问其病。曰："不食三日矣。"食之，舍其半。问之，曰："宦三年矣，未知母之存否，今近焉，请以遗之。"使尽之，而为之箪食与肉[3]，置诸橐以与之。既而与为公介，倒戟以御公徒，而免之。问何故。对曰："翳桑之饿人也。"问其名居，不告而退，遂自亡也。

乙丑，赵穿攻灵公于桃园。宣子未出山而复。太史书曰："赵盾弑其君。"以示于朝。宣子曰："不然。"对曰："子为正卿，亡不越竟，反不讨贼，非子而谁？"宣子曰："呜呼！《诗》云'我之怀矣，自诒伊慼'，其我之谓矣。"

【注释】

〔1〕首山：即首阳山，又作雷首山，在今山西省永济县东南。

〔2〕翳桑：多荫的桑树下。又作地名。

〔3〕箪：盛食物的小圆筐。

直纹錞于　春秋后期，通高64.8厘米，宽38.8厘米，重29千克。

【译文】

当初，赵盾在首阳山打猎，住在翳桑，看见灵辄饿得厉害，问他有什么病，灵辄说："已经三天没吃东西了。"赵盾给他食物，他留下一半。问他为什么，他说：

"在外学习做官三年了，不知道母亲还在不在，现在快到家了，请让我把这个留给她。"赵盾让他吃完，并且又给他准备了一筐饭和一些肉，放在袋子里给了他。后来灵辄做了晋灵公的卫兵，在这次事件中倒过戟来抵御晋灵公的其他卫兵，使赵盾免于祸难。赵盾问他为什么这样做，他回答说："我就是翳桑那个饿倒的人。"问他的姓名住处，他不回答就退了出去，逃亡走了。

九月二十六日，赵穿在桃园杀死了晋灵公。赵盾没有走出晋国国境就回来再度做卿。太史记载说："赵盾弑其君"，在朝廷上公布。赵盾说："不是这样。"太史回答说："您是正卿，逃亡而没有走出国境，回来不惩罚凶手，弑君的人不是您还是谁？"赵盾说："哎呀！《诗》说：'因为我的怀恋，给自己带来了忧伤。'恐怕就是说的我了。"

【原文】

孔子曰："董狐，古之良史也，书法不隐；赵宣子，古之良大夫也，为法受恶。惜也，越竟乃免。"

宣子使赵穿逆公子黑臀于周而立之。壬申，朝于武宫。

【译文】

孔子说："董狐，是古代的好史官，据事直书而不加隐讳。赵宣子，是古代的好大夫，为了法度而蒙受恶名。太可惜了，要是走出了国境，就可以免于杀君的罪名了。"

赵盾派遣赵穿去成周迎接公子黑臀而立他为国君。十月初三，公子黑臀到武宫庙朝祭。

宋及楚平

【原文】

楚子使申舟聘于齐，曰："无假道于宋。"亦使公子冯聘于晋，不假道于郑。申舟以孟诸之役恶宋，曰："郑昭，宋聋，晋使不害，我则必死！"王曰："杀女，我伐之！"见犀而行。

及宋，宋人止之。华元曰："过我而不假道，鄙我也；鄙我，亡也。杀其使者，必伐我；伐我，亦亡也。亡，一也。”乃杀之。楚子闻之，投袂而起，屦及于窒皇，剑及于寝门之外，车及于蒲胥之市。秋，九月，楚子围宋。

（以上宣公十四年）

【译文】

楚庄王派申舟前往齐国聘问，行前说：“不要向宋国借路。”同时又派公子冯到晋国聘问，不经过郑国。申舟在孟诸之战得罪了宋国，对楚王说：“郑国明白，宋国糊涂，去晋国的使者将平安无事，我就一定会被杀害！”楚王说：“如果杀了你，我出兵攻打他们！”申舟把儿子引见给楚王然后出发。

兽形匜　春秋后期，通高22.3厘米，宽42.7厘米，重4.88千克。

到达宋国，宋国人不让他走。华元说：“经过我国却不请求借路，是视我国为楚国边境县邑的做法；把我国当作县邑，这等于是亡国。杀掉它的使者，它必然会讨伐我国；讨伐我国也是亡国。反正都是一样的亡国。”于是就杀了申舟。楚王听到这个消息后，甩开袖子站起来，侍者赶到庭院才送上鞋子，追到寝宫门口才送上佩剑，跑到蒲胥街市才让他坐上车子。秋季，九月，楚庄王围攻宋国。

【原文】

宋人使乐婴齐告急于晋。晋侯欲救之，伯宗曰：“不可。古人有言曰：‘虽鞭之长，不及马腹。’天方授楚，未可与争。虽晋之强，能违天乎？谚曰：‘高下在心。’川泽纳污，山薮藏疾，瑾瑜匿瑕，国君含垢，天之道也。君其待之！”乃止。

【译文】

宋国人派乐婴齐向晋国告急。晋侯打算救援宋国，伯宗说：“不行。古人有话说：‘鞭子虽然长，却打不到马肚子。’上天正在帮助楚国，不能和它相争。晋国虽然强盛，能够违背上天的意愿吗？俗话说：‘或高或低，全在心里。’河流湖泽容纳污泥浊水，山林草丛躲藏猛兽毒虫，美玉藏匿着瑕疵，国君也得忍受耻辱，这是天定的常道。君王还是等待着吧！”晋侯停止发兵救宋。

【原文】

使解扬如宋，使无降楚，曰：“晋师悉起，将至矣。”郑人囚而献诸楚。楚子厚赂之，使反其言；不许。三而许之。登诸楼车，使呼宋人而告之，遂致其君命。楚子将杀之，使与之言曰：“尔既许不谷而反之，何故？非我无信，女则弃之。速即尔刑！”对曰：“臣闻之：君能制命为义〔1〕，臣能承命为信，信载义而行之为利。谋不失利，以卫社稷，民之主也。义无二信，信无二命。君之赂臣，不知命也。受命以出，有死无霣，又可赂乎？臣之许君，以成命也。死而成命，臣之禄也。寡君有信臣，下臣获考死，又何求？”楚子舍之以归。

【注释】

〔1〕制命：制定发布命令。

【译文】

晋侯派解扬前往宋国，让它不要降服楚国，说：“晋国的援军都已经出发，快要到达了。”解扬经过郑国时，郑人把他抓了起来献给楚国。楚王重重贿赂他，让他说晋国没有出兵，解扬不同意。经过三次说服才答应了。楚王让他登上瞭望车，按照楚国人的意思向宋国人喊话，解扬便乘机传达了晋君的命令。楚王准备杀掉他，先派人对他说：“你已经答应了我，现在又后悔，是什么缘故？不是我没有信用，是你抛弃了它。快去接受你的刑罚吧！”解扬回答说：“下臣听说，国君能够制定和发布命令就是道义，臣下能够接受和执行命令就是信用，信用依据道义去做就是利益。谋划不失去利益，以保卫国家，就是万民的主人。道义不可能有两种信用，信用不能接受两种命令。君王贿赂下臣，就是不了解命令的道理。接受国君的命令出使他国，宁可去死也不能废弃国君的命令，难道可以用贿赂收买吗？下臣所以答应君

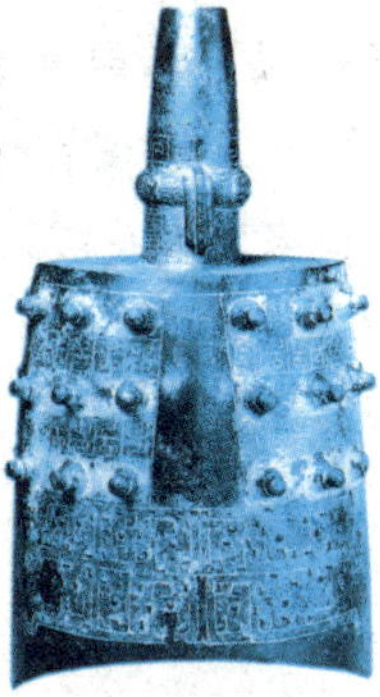

者瀊钟　春秋后期，通高38.2厘米，铣距20.6厘米，重11.5千克。铸有铭文：唯正月初吉丁亥，工𫊸王皮𦢮之子者瀊自作瑶鐘，子子孫孫永保用之。

王，那是为了借机会完成君命。即使死了而能完成使命，这是下臣的福分。寡君用守信的下臣，下臣死得其所，还追求什么别的呢？”楚王赦免了他放他回国。

【原文】

夏五月，楚师将去宋，申犀稽首于王之马前，曰：“毋畏知死而不敢废王命。王弃言焉？”王不能答。申叔时仆，曰：“筑室，反耕者，宋必听命！”从之。宋人惧，使华元夜入楚师，登子反之床，起之，曰：“寡君使元以病告，曰：‘敝邑易子而食，析骸以爨；虽然，城下之盟，有以国毙，不能从也。去我三十里，唯命是听。’”子反惧，与之盟而告王。退三十里，宋及楚平。华元为质，盟曰：“我无尔诈，尔无我虞！”

（以上宣公十五年）

【译文】

夏季五月，楚军准备离开宋国，申犀在楚王的马前叩头说：“毋畏甘冒杀身之祸而不敢废弃君王的命令。君王放弃了以前的诺言吗？”楚王不能回答。当时申叔时为楚王驾车，说：“修建房子，让种田的人回去，宋国必然会听从命令！”楚王接受了。宋人感到害怕，派华元在夜间进入楚营，直接登上令尹子反的床，把他叫起来，说：“寡君派元前来把困难情况告诉你，说：‘城里已经断粮，敝邑交换儿子杀了来吃，把尸骨拆开当柴火做饭；尽管这样，城下之盟，让国家丧亡，也是不会接受的。贵国退兵三十里，宋国将遵命办理。’”子反感到害怕，便和华元盟誓，然后把实情报告给楚王。下令退兵三十里，宋国和楚国议和。华元作为人质，盟誓说：“我不骗你，你不欺我！”

齐晋鞌之战

【原文】

二年春，齐侯伐我北鄙，围龙[1]。顷公之嬖人卢蒲就魁门焉，龙人囚之。齐侯曰：“勿杀，吾与而盟，无人而封。”弗听，杀而膊诸城上[2]。齐侯亲鼓，士陵城。三日，取龙，遂南侵，及巢丘[3]。

卫侯使孙良夫、石稷、宁相、向禽将侵齐，与齐师遇。石子欲还，孙子曰：“不可。以师伐人，遇其师而还，将谓君何？若知不能，则如无出。今既遇矣，不如战也。”……

石成子曰：“师败矣，子不少须，众惧尽。子丧师徒，何以复命？”皆不对。又曰：“子，国卿也，陨子，辱矣。子以众退，我此乃止。”且告车来甚众。齐师乃止，次于鞫居[4]。新筑人仲叔于奚救孙桓子，桓子是以免。……

【注释】

〔1〕龙：地名，在今山东省泰安县东南。

〔2〕膊诸城上：陈尸城上。

〔3〕巢丘：地名，其地与龙邑相近，当不出泰安境内。

〔4〕鞫居：卫地，在今河南省封丘县。

【译文】

二年春季，齐顷公进攻我国北部边境，包围龙地。齐顷公的宠臣卢蒲就魁攻打城门，龙地的人把他逮住囚禁。齐顷公说：“不要杀，我和你们盟誓，不进入你们的境内。”龙地的人不听，把他杀了，暴尸城上。齐顷公亲自击鼓，兵士爬登城墙。三天，占取龙地。于是就向南攻打，到达巢丘。

卫穆公派遣孙良夫、石稷、宁相、向禽率兵入侵齐国，和齐军相遇，石稷想要回去，孙良夫说：“不行。用军队攻打别人，遇上敌人就回去，打算对国君说什么呢？如果知道不能作战，就应当不出兵。现在既然和敌军相遇，不如一战。”……

石稷说：“军队败了，您如果不稍等待，顶住敌军，就会全军覆灭。您丧失了军队，如何报君命？”大家都不回答。石稷又说：“您，是国家的卿。损失了您，就是一种羞耻了。您带着大家撤退，我停在这里。”同时通告军中，说援军的战车已大批来到。齐国的军队也因此停止前进，驻扎在鞫居。新筑大夫仲叔于奚援救了孙良夫，孙良夫因此得免于难。……

【原文】

孙桓子还于新筑，不入，遂如晋乞师。臧宣叔亦如晋乞师。皆主郤献子。晋侯许之七百乘。郤子曰：“此城濮之赋也[1]。有先君之明与先大夫之肃[2]，故捷。克于先大夫，无能为役，请八百乘。”许之。郤克将中军，士燮佐上军，栾书将下军，韩厥为司马，以救鲁、卫。臧宣叔逆晋师，且道之。季文子帅师会之。

及卫地，韩献子将斩人，郤献子驰，将救之。至，则既斩之矣。郤子使速以徇，告其仆曰：“吾以分谤也[3]。”

【注释】

〔1〕赋：出兵之数额。

〔2〕肃：敏捷。

〔3〕分谤：分担受谤之责。

【译文】

孙桓子回到新筑，不进国都，就到晋国请求出兵，臧宣叔也到晋国请求出兵。两人都投奔郤克。晋景公答应派出七百辆战车。郤克说：“这是城濮之战的战车数。当时有先君的明察和先大夫的敏捷，所以得胜。克和先大夫相比，还不足以做他们的仆人。请发八百乘战车。”晋景公答应了。郤克率领中军，士燮辅佐上军，栾书率领下军，韩厥做司马，以救援鲁国和卫国，臧宣叔迎接晋军，同时向导开路。季文子率领军队和他们会合。

到达卫国境内，韩厥要杀人，郤克驾车疾驰赶去，打算救下那个人。等赶到，已经杀了。郤克派人把尸体在全军中示众，还告诉他的御者说：“我用这样的做法来分担指责。”

【原文】

师从齐师于莘[1]。六月壬申，师至于靡笄之下[2]。齐侯使请战，曰“子以君师辱于敝邑，不腆敝赋[3]，诘朝请见[4]。”对曰：“晋与鲁、卫，兄弟也，来告曰：‘大国朝夕释憾于敝邑之地。’寡君不忍，使群臣请于大国，无令舆师淹于君地。能进不能退，君无所辱命。”齐侯曰：“大夫之许，寡君之愿也，若其不许，亦将见也。”

齐高固入晋师，桀石以投人，禽之而乘其车，系桑本焉，以徇齐垒，曰："欲勇者贾余馀勇！"

【注释】

〔1〕莘：有多处，此当为卫、齐边界之莘邑，在今山东省莘县北八里。

〔2〕靡笄：山名，即今山东省济南市之千佛山。

〔3〕不腆：不厚也，为当时谦词。

〔4〕诘朝：明日晨。

【译文】

晋、鲁、卫联军在莘地追上齐军。六月十六日，军队到达靡笄山下。齐顷公派人请战，说："您带领国君的军队光临敝邑，敝国的士兵人数很少，请在明天早晨相见。"郤克回答说："晋和鲁、卫是兄弟国家，他们前来告诉我们说：'大国不分早晚都在敝邑的土地上发泄气愤。'寡君不忍，派下臣们前来向大国请求，同时又不让我军长久留在贵国。我们只能前进不能后退，您的命令是不会不照办的。"齐顷公说："大夫允许，正是齐国的愿望；如果不允许，也要兵戎相见的。"齐国的高固攻入晋军，拿起石头扔向晋军，抓住晋军战俘，然后坐上他的战车，把桑树根子系在车上，巡行到齐营说："想要勇气的人可以来买我剩下的勇气！"

三羊尊　商代后期，通高 52 厘米，宽 61 厘米，重 51.3 千克。三羊尊是目前我国发现同类器物中最大的。

【原文】

癸酉，师陈于鞌。邴夏御齐侯，逢丑父为右。晋解张御郤克，郑丘缓为右。齐侯曰："余姑翦灭此而朝食。"不介马而驰之。郤克伤于矢，流血及屦，未绝鼓音，曰："余病矣。"张侯曰："自始合，而矢贯余手及肘，余折以御。左轮朱殷[1]，岂敢言病？吾子忍之。"缓曰："自始合，苟有险，余必下推车，子岂识之？然子病矣。"张侯曰："师之耳目，在吾旗鼓，进退从之。此车一人殿之，可以集事。若之何其以病败君之大事也。擐甲执兵[2]，固即死也，病未及死，吾子勉之。"

左并辔[3]，右援枹而鼓[4]。马逸不能止，师从之。齐师败绩。逐之，三周华不注[5]。

【注释】

〔1〕左轮朱殷：殷，赤黑色。左边车轮被血染成红黑色。

〔2〕擐甲执兵：擐，穿着。穿着甲胄，拿着武器。

〔3〕左并辔：御者本是双手执辔，今将右手所执并于左手，由一只左手执辔御车。

〔4〕右援枹而鼓：枹，鼓槌。腾出右手执鼓槌代寔克击鼓。

〔5〕华不注：山名，在今山东省济南市东北。

【译文】

十七日，齐、晋两军在鞌地摆开阵势。邴夏为齐顷公驾车，逢丑父作为车右。晋国的解张为郤克驾车，郑丘缓作为车右。齐顷公说：“我姑且消灭了这些人再吃早饭。”马不披甲，驰向晋军。郤克受了箭伤，血流到鞋子上，但是鼓声不断，说：“我受伤了！”解张说：“从一开始交战，箭就射穿了我的手和肘，左边的车轮都染成黑红色，哪里敢说受伤？您忍着点吧！”郑丘缓说：“从一开始交战，如果遇到危险，我必定下车推车，您难道了解吗？不过您真是受伤了！”解张说：“军队的耳目，在于我的旗子和鼓声，前进后退都要听从它。这辆车子由一个人坐镇，战事就可以成功。为什么要为了一点痛苦而败坏国君的大事？身披盔甲，手执武器，本来说抱定必死的决心，受伤还没有到死的程度，你还是尽力而为吧！”于是就左手一把握马缰，右手拿着鼓槌击鼓。马奔跑不能停止，全军就跟着上去。齐军大败，晋军追赶齐军，绕了华不注山三圈。

【原文】

韩厥梦子舆谓己曰：“旦辟左右。”故中御而从齐侯，邴夏曰：“射其御者，君子也。”公曰：“谓之君子而射之，非礼也。”射其左，越于车下，射其右，毙于车中，綦毋张丧车，从韩厥，曰：“请寓乘。”从左右，皆肘之，使立于后。韩厥俛，定其右。逢丑父与父易位。将及华泉，骖絓于木而止。丑父寝于辗中，蛇出于其下，以肱击之，伤而匿之，故不能推车而及。韩厥执絷马前，再拜稽首，奉觞加璧以进，曰：“寡君使群臣为鲁、卫请，曰：‘无令舆师陷入围地。’下臣不幸，属当戎行，无所逃隐。且惧奔辟，而忝两君。臣辱戎士，敢告不敏，摄官承乏。”丑父使公下，如华泉取饮。郑周公御佐车，宛茷为右，载齐侯以免。韩厥献丑父，郤献子将戮之，呼曰：“自今无有代其君任患者，有一于此，将为戮乎？”郤子曰：“人不能以死免其君，我戮之不祥，赦之以劝事君者。”乃免之。

【译文】

叔联簠　春秋后期，通高10.3厘米，宽30厘米，重3.72千克。内有铭文：唯十月初吉庚午，□□擇其吉，金自作薦匿。以保稻粱，萬年無疆。叔联眉壽，子子孫孫攸之寶。

韩厥梦见他父亲子舆对他说：“明天不要站在战车左右两侧。”因此韩厥就站在中间驾战车而追赶齐顷公。邴夏说：“射那位驾车人，他是君子。”齐顷公说：“认为他是君子而射他，这不合于礼。”射车左，车左死在车下。射车右，车右死在车里。綦毋张丢失了战车，跟上韩厥说：“请允许我搭乘您的战车。”上车后，准备站在左边或右边，韩厥用肘推他，让他站在身后。韩厥弯下身子，放稳车右的尸体。逢丑父和齐顷公乘机互换位置。将要到达华泉，骖马被树木绊住而不能行走。头几天，逢丑父睡在栈车里，有一条蛇爬到他身边，他用小臂去打蛇，小臂受伤，但隐瞒了这件事，由于这样，他不能用臂推车前进，这样才被韩厥追上。韩厥拿着马缰走向马前，跪下叩头，捧着酒杯加上玉璧献上，说：“寡君派臣下们替鲁、卫两国请求，说‘不要让军队进入齐国的土地。’下臣不幸，正好在军队服役，不能逃避军役。而且也害怕奔走逃避成为两国国君的耻辱，下臣勉强充当一名战士，谨向君王报告我的无能，但由于人手缺乏，只好承当这个官职。”逢丑父要齐顷公下车，到华泉去取水。郑周父驾御副车，宛茷作为车右，装上齐顷公逃走而免于被俘。韩厥献上逢丑父，郤克要杀死他。逢丑父喊叫说：“到现在为止还没有代替他国君受难的人，有一个在这里，还要被杀死吗？”郤克说：“一个人不怕用死来使国君免于祸患，我杀了他，不吉利。赦免了他，用来勉励侍奉国君的人。”于是就赦免了逢丑父。

【原文】

齐侯免，求丑父，三入三出。每出，齐师以帅退。入于狄卒，狄卒皆抽戈楯冒之[1]。以入于卫师，卫师免之，遂自徐关入[2]。齐侯见保者，曰："勉之！齐师败矣。"辟女子。女子曰："君免乎？"曰："免矣。"曰："锐司徒免乎？"曰："免矣。"曰："苟君与吾父免矣，可若何？"乃奔。齐侯以为有礼，既而问之，辟司徒之妻也。予之石窌[3]。

【注释】

〔1〕冒：覆盖，障蔽。

〔2〕徐关：齐地，在今山东省淄博市淄川镇西。

〔3〕石窌：齐地，在今山东省长清县东南。

【译文】

齐顷公免于被俘以后，寻找逢丑父，在敌军中三进三出。每次出来的时候，齐军都族拥着保护他。进入狄人军队中，狄人的士兵都抽出戈和盾以保护齐顷公。进入卫国军队中，卫军也对他们不加伤害。于是，齐顷公就从徐关进入齐国临淄。齐顷公看到守军，说："你们努力吧！齐军战败了！"齐顷公的座车前进时叫一个女子躲开，这个女子说："国君免于祸难了吗？"说："免了。"她说："锐司徒免于祸难了吗？"说："免了。"她说："如果国君和我父亲免于祸难了，还要怎么样？"就跑开了。齐顷公认为她有礼，经查询，才知道是辟司徒的妻子，就赐给她石窌作为封地。

【原文】

晋师从齐师，入自丘舆[1]，击马陉[2]。齐侯使宾媚人赂以纪甗、玉磬与地。不可则听客之所为。宾媚人致赂。晋人不可，曰："必以萧同叔子为质，而使齐之封内尽东其亩。"对曰："萧同叔子非他，寡君之母也。若以匹敌，则亦晋君之母也。吾子布大命于诸侯，而曰必质其母以为信，其若王命何？且是以不孝令也。《诗》曰：'孝子不匮，永锡尔类。'若以不孝令于诸侯，其无乃非德类也乎？先王疆理天下，物土之宜，而布其利。故《诗》曰：'我疆我理，南东其亩。'今吾子疆理诸侯，而曰'尽东其亩'而已，唯吾子戎车是利，无顾土宜，其无乃非先王之命也乎？反先王则不义，何以为盟主？

其晋实有阙。四王之王也，树德而济同欲焉；五伯之霸也，勤而抚之，以役王命。今吾子求和诸侯，以逞无疆之欲,《诗》曰：‘布政优优，百禄是遒。’子实不优，而弃百禄，诸侯何害焉？不然，寡君之命使臣则有辞矣，曰：‘子以君师辱于敝邑，不腆敝赋，以犒从者。畏君之震，师徒桡败[3]。吾子惠徼齐国之福，不泯其社稷，使继旧好，唯是先君之敝器、土地不敢爱。子又不许，请收合余烬，背城借一。敝邑之幸，亦云从也；况其不幸，敢不唯命是听？”鲁、卫谏曰：“齐疾我矣。其死亡者，皆亲昵也。子若不许，雠我必甚。唯子，则又何求？子得其国宝，我亦得地，而纾于难，其荣多矣。齐、晋亦唯天所授，岂必晋？”晋人许之，对曰：“群臣帅赋舆，以为鲁、卫请。若苟有以藉口，而复于寡君，君之惠也。敢不唯命是听。”

【注释】

〔1〕丘舆：齐邑，在今山东省益都县西南。

〔2〕马陉：齐邑，在丘舆之北。

〔3〕桡败：挫败。

【译文】

晋军追赶齐军，从丘舆进入齐国，进攻马陉。齐顷公派遣宾媚人把纪甗、玉磬和土地送给战胜诸国，说：“如果他们不同意讲和，就随他们怎么办吧。”宾媚人送去财礼，晋人不同意，说：“一定要让萧同叔子作为人质，同时使齐国境内的田陇全部东向。”宾媚人回答说：萧同叔子不是别人，是寡君的母亲，如果从对等地位来说，那也就是晋军的母亲。您在诸侯中发布重大的命令，反而说一定要把人家的母亲作为人质以取信，您又打算怎么对待周天子的命令呢？而且这样做，就是用不孝来命令诸侯。《诗》说：“孝子的孝心没有竭尽，永远可以感染你的同类。”如果用不孝号令诸侯，这恐怕不是道德的准则吧！先王对天下的土地定疆界，分地理，因地制宜，作有利的布置。所以《诗》说：“我划定疆界，分别地理，南向东向开辟田亩。”现在您让诸侯定疆界，分地理，反而只说什么“田陇全部东向”，不顾地势是否适宜，只管自己兵车进出的方便，恐怕不是先王的政令吧！违反先王的遗命就是不合

蟠虺纹豆　春秋后期，通高42.2厘米，口径35厘米，重12.16千克。河南辉县出土。

道义，怎么能做盟主？晋国确实是有过失的。四王统一天下，树立德行而满足诸侯的共同要求；五伯领导诸侯，自己勤劳而安抚诸侯，使大家为天子的命令而服役。现在您要求会合诸侯，来满足没有止境的欲望。《诗》说：“政事的推行宽大和缓，各种福禄都将积聚。”您确实不能宽大，丢弃了各种福禄，这对诸侯有什么损害呢？如果您不肯答应，寡君命令我使臣，就有话可说了：“您带领国君的军队光临敝邑，敝邑用很少的财富，来犒劳您的随从。害怕贵国国君的愤怒，我军战败。您惠临而求齐国的福祐，不灭亡我们的国家，让我们两国继续过去的友好，那么先君的破旧器物和土地我们是不敢爱惜的。您如果不肯允许，我们就请求收集残兵败将，背靠自己的城下再决一死战。敝邑有幸而战胜，也会依从贵国的；何况不幸而战败，哪敢不唯命是听？”鲁、卫两国劝谏郤克说：“齐国怨恨我们了。齐国死去和溃散的，都是齐侯的宗族亲戚。您如果不肯答应，必然更加仇恨我们。即使是您，还有什么可追求的？如果您得到齐国的国宝，我们也得到土地，而缓和了祸难，这荣耀也就很多了。齐国和晋国都是由上天授与的，难道一定只有晋国永久胜利吗？”晋国人答应了，回答说：“下臣们率领兵车，来为鲁、卫两国请求。如果有话可以向寡君复命，这就是君王的恩惠了。岂敢不遵命？”

【原文】

禽郑自师逆公。

秋七月，晋师及齐国佐盟于爰娄，使齐人归我汶阳之田。公会晋师于上鄍[1]。赐三帅先路三命之服。司马、司空、舆帅、侯正、亚旅，皆受一命之服。

【注释】

〔1〕上鄍：齐、卫交界地名，在今山东省阳谷县境。

【译文】

禽郑从军中去迎接鲁成公。

秋七月，晋军和齐国宾媚人在爰娄结盟，让齐国把汶阳的土田归还我国。成公在上鄍会见晋军，把先路和三命的车服赐给三位高级将领，司马、司宽、舆帅、侯正、亚旅都接受了一命的车服。

楚归晋知䓨

【原文】

晋人归公子谷臣与连尹襄老之尸于楚，以求知䓨。于是荀首中军矣，故楚人许之。

王送知䓨曰："子其怨我乎？"对曰："二国治戎[1]，臣不才，不胜其任，以为俘馘[2]。执事不以衅鼓[3]，使归即戮，君之惠也。臣实不才，又谁敢怨？"王曰："然则德我乎？"对曰："二国图其社稷，而求纾其民，各惩其忿，以相宥也[4]。两释累囚，以成其好。二国有好，臣不与及，其谁敢德？"王曰："子归，何以报我？"对曰："臣不任受怨，君亦不任受德，无怨无德，不知所报？"王曰："虽然，必告不谷。"对曰："以君之灵，累臣得归骨于晋，寡君之以为戮，死且不朽。若从君之惠而免之，以赐君之外臣首，首其请于寡君而以戮于宗，亦死且不朽。若不获命，而使嗣宗职，次及于事，而帅偏师以修封疆，虽遇执事，其弗敢违。其竭力致死，无有二心，以尽臣礼，所以报也。"王曰："晋未可与争。"重为之礼而归之。

【注释】

〔1〕治戎：治兵交战。

〔2〕俘馘：俘指生俘。馘指杀死割下左耳。此处俘馘即指俘虏。

〔3〕衅鼓：以血涂鼓。

〔4〕相宥：相互谅解。

【译文】

晋国人把楚国公子縠臣和连尹襄老尸首归还给楚国，以此要求换回知䓨。当时荀首已经是中军副帅，所以楚国人答应了。

楚共王送别知䓨，说："您恐怕怨恨我吧！"知䓨回答说："两国兴兵，下臣没有才能，不能胜任，所以做了俘虏。君王的左右没有用我的血来祭鼓，而让我回国去接受杀戮，这是君王的恩惠啊。下臣实在没有才能，又敢怨恨谁？”楚共王说：“那么感激我吗？”知罃回答说：“两国为自己的国家打算，希望让百姓得到安宁，各自抑止自己的愤怒，来互相原谅，两边都释放被俘的囚犯，以结成友好。两国友好，下臣不曾与谋，又敢感激谁？”楚共王说：“您回去，用什么报答我？”知罃回答说：“下臣无所怨恨，君王也不受恩德，没有怨恨，没有恩德，就不知道该报答什么。”楚共王说：“尽管这样，也一定把您的想法告诉我。”知罃回答说：“以君王的福佑，被囚的下臣能够带着这把骨头回晋国，寡君如果加以诛戮，死而不朽。如果由于君王的恩惠而赦免下臣，把下臣赐给您的外臣荀首，荀首向我君请求，而把下臣杀戮在自己的宗庙中，也死而不朽。如果得不到寡君诛戮的命令，而让下臣继承宗子的地位，按次序承担晋国的政事，率领一部分军队以保卫边疆，虽然碰到君王的左右，我也不敢违背礼义回避，要竭尽全力以至于死，没有二心，以尽到为臣的职责，这就是所报答于君王的。”楚共王说：“晋国是不可以和它相争的。”于是就对知罃重加礼遇而放他回晋国去。

立鹤方壶　春秋后期，通高122厘米，宽54厘米，重64千克。该壶造形宏伟，装饰华美，构思新颖，设计精巧。曾被郭沫若先生誉为春秋时代的精神象征。

病入膏肓

【原文】

晋侯梦大厉，被发及地，搏膺而踊[1]，曰：“杀余孙，不义。余得请于帝矣。”坏大门及寝门而入。公惧，入于室。又坏户。公觉，召桑田巫[2]。巫言如梦。公曰：“何如？”曰：“不食新矣。”公疾病，求医于秦。秦伯使医缓为之。未至，公梦疾为二竖子。曰：“彼良医也，惧伤我，焉逃之？”其一曰：“居肓之上，膏之下，若我何？”医至，曰：“疾不可为也，在肓之上[3]，膏之下[4]，攻之不可，达之不及，药不至焉，不可为也。”

公曰："良医也。"厚为之礼而归之。六月丙午，晋侯欲麦，使甸人献麦，馈人为之，召桑田巫，示而杀之。将食，张[5]，如厕，陷而卒。小臣有晨梦负公以登天，及日中，负晋侯出诸厕，遂以为殉。

【注释】

〔1〕搏膺而踊：搏膺为自槌其胸。踊，跳也。

〔2〕桑田巫：桑田之巫者。桑田即今河南省灵宝县之稠桑驿。

〔3〕肓：指心脏与隔膜区间。

〔4〕膏：指心脏尖部之脂肪。

〔5〕张：作"胀"，肚子发胀。

【译文】

龙耳虎足壶　通高 87.5 厘米，宽 47.2 厘米，重 41 千克。为春秋时期的代表器，1923 年出土于河南新郑。

晋景公梦见一个厉鬼，头发披散长可及地，捶胸跳跃，说："你杀了我的子孙，这是不义。我请求为子孙复仇，已经得到天帝的允许了！"厉鬼毁掉宫门和寝门走了进来。晋景公害怕，躲进内室，厉鬼又毁掉内室的门。晋景公醒来，召见桑田的巫人。巫人所说的和晋景公梦见的情况一样。晋景公说："怎么样？"巫人说："君王吃不到新收的麦子！"晋景公病重，到秦国请医生。秦桓公派医缓给晋景公诊病。医缓还没有到达，晋景公又梦见疾病变成两个小儿，一个说："他是个好医生，恐怕会伤害我们，往哪儿逃好？"另一个说："我们待在肓的上边，膏的下边，拿我们怎么办？"医生来了，说："病不能治了，病在肓的上边，膏的下边，灸不能用，针达不到，药物的力量也到不了，不能治了。"晋景公说："真是好医生啊。"于是馈送给他丰厚的礼物让他回去。六月初六日，晋景公想吃新麦子，让管食物的人献麦，厨师烹煮。景公召见桑田巫人来，把煮好的新麦给他看，然后杀了他。景公将要进食，突然肚子发胀，上厕所，跌进厕所里死去。有一个宦官早晨梦见背着晋景公登天，等到中午，他背着晋景公从厕所出来，于是就把他殉葬了。

吕相绝秦

【原文】

夏四月戊午，晋侯使吕相绝秦，曰：

“昔逮我献公及穆公相好，戮力同心，申之以盟誓，重之以昏姻。天祸晋国，文公如齐，惠公如秦。无禄，献公即世。穆公不忘旧德，俾我惠公用能奉祀于晋。又不能成大勋，而为韩之师。亦悔于厥心，用集我文公，是穆之成也。

“文公躬擐甲胄[1]，跋履山川，逾越险阻，征东之诸侯，虞、夏、商、周之胤而朝诸秦，则亦既报旧德矣。郑人怒君之疆埸，我文公帅诸侯及秦围郑。秦大夫不询于我寡君，擅及郑盟。诸侯疾之，将致命于秦。文公恐惧，绥静诸侯，秦师克还无害，则是我有大造于西也[2]。

【注释】

〔1〕躬擐甲胄：躬，亲也。擐，贯也。文公亲自身披甲胄。

〔2〕大造：重大贡献，重大功劳。

【译文】

夏四月初五日，晋厉公派遣吕相去和秦国断绝外交关系，说：“从前我先君晋献公和贵国先君秦穆公互相友好，合力同心，用盟誓来表明，再用婚姻加深这种关系。上天降祸于晋国，文公到了齐国，惠公到了秦国。不幸，献公去世。穆公不忘记过去的恩德，使我们惠公因此能在晋国主持祭祀，但又不能完成重大的勋劳，而有了韩地之战。后来心里又有些懊悔，因此成就了我们文公回国为君，这都是秦穆公的功劳。

徐王子旃钟　春秋后期，通高 15.5 厘米，铣距 10.5 厘米，重 1.54 千克。

“文公亲自身披甲胄，跋涉山川，经历艰难险阻，征服东方的诸侯，虞、夏、商、周的后裔都向秦国朝见，也就已经报答过去的恩德了。郑国人侵犯君王的边界，我们文公率领诸侯和秦国共同包围郑国，秦国的大夫不和我们国君商量，擅自和郑国订立了盟约。诸侯憎恨这件事，打算和秦国拼命，文公恐惧，安抚诸侯，使秦军得以平安回国而没有受到损害，这就是我国有大功于西方秦国之处。

【原文】

“无禄，文公即世，穆为不吊，蔑死我君，寡我襄公，迭我殽地，奸绝我好[1]，伐我保城，殄灭我费滑，散离我兄弟，挠乱我同盟，倾覆我国家。我襄公未忘君之旧勋，而惧社稷之陨，是以有殽之师。犹愿赦罪于穆公。穆公弗听，而即楚谋我。天诱其衷，成王陨命，穆公是以不克逞志于我。

“穆、襄即世，康、灵即位，康公，我之自出，又欲阙翦我公室[2]，倾覆我社稷，帅我蝥贼[3]，以来荡摇我边疆，我是以有令狐之役。康犹不悛，入我河曲，伐我涑川[4]，俘我王官，翦我羁马，我是以有河曲之战。东道之不通，则是康公绝我好也。

【注释】

〔1〕奸绝我好：奸作“扞”，扞绝即拒绝，拒绝同我和好。

〔2〕阙翦：损害，削减之意。

〔3〕蝥贼：食庄稼之害虫，此喻危害晋国之人，主要指公子雍。

〔4〕涑川：即涑水，在山西省西南部。

【译文】

“不幸，文公去世，穆公不善，蔑视我们故去的国君，以我们晋襄公为软弱可欺，突然侵犯我们殽地，断绝我们同友好国家的往来，攻打我们的城堡，绝灭我们的滑国，离散我们的兄弟之邦，扰乱我们的同盟之国，颠覆我们的国家。我们襄公没有忘记君王过去的勋劳，而又害怕国家的颠覆，这样才有殽地这一战役，但还是愿意在穆公那里解释罪过。穆公不听，反而勾结楚国来打我们的主意。天意保佑我国，楚成王丧命，穆公因此不能在我国得逞。

“穆公、襄公去世，康公、灵公即位。康公，是我国穆姬所生的，但又想损害我们的公室，颠覆我们的国家，率领我国的内奸，以动摇我们的边疆，因此我国才有了令狐这一战役。秦康公还是不肯改悔，又进入我国河曲，攻打我国涑川，掠取我国王官，割断我国的羁马，因此我国才有了河曲这一战役。东边的道路不通，那是由于康公同我们断绝友好造成的缘故。

【原文】

“及君之嗣也，我君景公引领西望曰：‘庶抚我乎！’君亦不惠称盟，利吾有狄难，入我河县，焚我箕、部[1]，芟夷我农功，虔刘我边垂，我是以有辅氏之聚。君亦悔祸之延，而欲徼福于先君献、穆，使伯车来命我景公曰：‘吾与女同好弃恶，复修旧德，以追念前勋。’言誓未就，景公即世，我寡君是以有令狐之会。君又不祥，背弃盟誓。白狄及君同州，君之仇雠，而我之昏姻也。君来赐命曰：‘吾与女伐狄。’寡君不敢顾昏姻，畏君之威，而受命于吏。君有二心于狄，曰：‘晋将伐女。’狄应且憎，是用告我。楚人恶君之二三其德也，亦来告我曰：‘秦背令狐之盟，而来求盟于我，昭告昊天上帝、秦三公、楚三王曰，余虽与晋出入，余唯利是视。不谷恶其无成德，是用宣之，以惩不壹。’诸侯备闻此言，斯是用痛心疾首，昵就寡人。寡人帅以听命，唯好是求。君若惠顾诸侯，矜哀寡人，而赐之盟，则寡人之愿也，其承宁诸侯以退，岂敢徼乱[2]？君若不施大惠，寡人不佞，其不能以诸侯退矣。敢尽布之执事，俾执事实图利之。”

【注释】

〔1〕焚我箕、部：焚烧我箕部二邑。箕在今山西省浦县东北，临近黄河。部在今山西省浮山县西，与箕邑相距不远，亦临近黄河。

〔2〕承宁：止息，安静。

【译文】

“等到君王继位以后，我们的国君晋景公伸着脖子望着西边说：‘大概要安抚我们了吧！’君王也不肯加惠结盟，反而乘我国有狄人的祸难，侵入我国的河县，焚烧我国的箕地、部地，抢割我国的庄稼，骚扰我国边境，我国因此而有辅氏的战役。君王也后悔战祸的蔓延，而想求福于先君晋献公和秦穆公，派遣伯车前来命令我们景公说：'我跟你同心同德，丢弃怨恨，重温以往的恩惠，以追念以前的勋劳。'盟誓还没有完成，我晋景公就去世了，因此我们国君才和秦国有令狐的会见。君王又不善，背弃了盟誓。白狄和君王同在雍州境内，他们是君王的仇敌，却是我们的亲戚。君王前来命令说：'我跟你攻打狄人。'寡君不敢顾及亲戚，畏惧君王的威严，就给官吏下令攻打狄人。但君王又对狄人有了别的念头，告诉他们说：'晋国将要攻打你们。'对君王的做法，狄人接受而又厌恶，因此就告诉了我们。楚国人讨厌君王的反复无常，也来告诉我们说'秦国背弃了令狐的盟约，而来向我国请求结盟'，对着皇天上帝、秦国的三位先公、楚国的三位先王祝告：我虽然和晋国有往来，我只是唯利是图。楚国人讨厌秦君反复无常，因此把事情公布出来，以惩戒言行不一的人。诸侯都听到了这些话，因此才痛心疾首，都来和我亲近。我率领诸侯以听候君王的命令，只是为了请求和好，君王如果加惠而顾念诸侯，怜悯寡人，而赐我们以结盟，那是我的愿望。那就可以安定诸侯而使之退走，岂敢自求祸乱？如果君王不施大恩大惠，我很不才，恐怕就不能率领诸侯退走了。谨把内心的话向您的左右执事宣布，请执事权衡利害吧。"

晋楚鄢陵之战

【原文】

晋侯将伐郑，范文子曰："若逞吾愿[1]，诸侯皆叛，晋可以逞。若唯郑叛，晋国之忧，可立俟也。"栾武子曰："不可以当吾世而失诸侯，必伐郑。"乃兴师。栾书将中军，士燮佐之；郤锜将上军，荀偃佐之；韩厥将下军，郤至佐新军，荀罃居守。

郤犨如卫，遂如齐，皆乞师焉。栾黡乞师，孟献子曰："晋有胜矣。"戊寅晋师起。

【注释】

〔1〕逞：作称意解，下文"逞"字作施展。

【译文】

晋厉公打算讨伐郑国，范文子说："如果按照我的愿望，诸侯都背叛，晋

瓦纹簋　春秋盛食器，通高 24.6 厘米，口径 20.7 厘米。现藏于中国国家博物馆。

国的危机可以得到缓解。如果只是一个郑国背叛，晋国的忧患，可能马上就来了。”栾武子说：“不能当我们这一辈执政的时候失去诸侯，一定要进攻郑国。”于是就发兵。栾书率领中军，士燮作为辅佐；郤锜率领上军，荀偃作为辅佐，韩厥率领下军，郤至作为新军辅佐。荀罃留守。

郤犨去到卫国，乘机到齐国，请求两国出兵。栾黡前来请求出兵，孟献子说：“晋国可能得胜了。”四月十二日，晋军出兵。

【原文】

郑人闻有晋师，使告于楚，姚句耳与往。楚子救郑。司马将中军，令尹将左，右尹子辛将右。过申，子反入见申叔时，曰：“师其何如？”对曰：“德、刑、详、义、礼、信，战之器也。德之施惠，刑以正邪，详以事神，义以建利，礼以顺时，信以守物。民生厚而德正，用利而事节，时顺而物成，上下和睦，周旋不逆，求无不具，各知其极。故《诗》曰：‘立我烝民，莫匪尔极。’是以神降之福，时无灾害，民生敦厖，和同以听，莫不尽力以从上命，致死以补其阙，此战之所由克也。今楚内弃其民，而外绝其好，渎齐盟，而食话言，奸时以动，而疲民以逞。民不知信，进退罪也。人恤所底，其谁致死？子其勉之，吾不复见子矣。”姚句耳先归，子驷问焉，对曰：“其行速，过险而不整。速则失志，不整丧列。志失列丧，将何以战？楚惧不可用也。”

【译文】

郑国人听到晋国出兵，就派使者报告楚国，姚句耳同行。楚共王救援郑国。司马子反率领中军，令尹子重率领左军，右尹子辛率领右军。路过申地，子反进见申叔时，说：“这次作战会怎么样？”申叔时回答说：“德行、刑罚、和顺、道义、礼法、信用，这是战争的手段。德行用来施予恩惠，刑罚用来纠正邪恶，和顺用来侍奉神灵，道义用来建立利益，礼法用来适合时宜，信用用来护守事物。人民生活丰厚，德行就端正；举动有利，事情就合于法度，时宜合适，万物就有所成就；这样就能上下和睦，相处没有矛盾，有所需求无不具备，各人都知道行动的准则。所以《诗》说：'安置百姓，无不合乎准则。'这样，神灵就降福于他，四时没有灾害，百姓生活丰厚，齐心一致地听从，没有不尽力以服从上面命令的，不顾性命来弥补死去的战士的空缺，这就是战争所以能够胜利的原因。现在楚国内部丢弃他的百姓，外部断绝他的友好，亵渎神圣的盟约而说话不算话，违反时令发动战争，使百姓疲劳以求快意。人们不知道什么是信用，进退都是罪过。人们为他们的结局在担忧，还有谁肯牺牲性命？您还是尽力做吧！我不会再看到您了。"姚句耳先回来，子驷询问情况，他回答说："楚军行军迅速，经过险要的地方行列不整齐。动作太快就会考虑不周，不整齐就丧失了行列。考虑不周，行列丧失，怎么能打仗？楚国恐怕不能依靠了。"

【原文】

五月，晋师济河。闻楚师将至，范文子欲反，曰："我伪逃楚，可以纾忧。夫合诸侯，非吾所能也，以遗能者，我若群臣辑睦以事君，多矣。"武子曰："不可。"

六月，晋、楚遇于鄢陵。范文子不欲战。郤至曰："韩之战，惠公不振旅；箕之役，先轸不反命；邲之师，荀伯不复从，皆恶之耻也。子亦见先君之事矣。今我辟楚，又益耻也。"文子曰："吾先君之亟战也，有故。秦、狄、齐、楚皆强，不尽力，子孙将弱。今三强服矣，敌楚而已。惟怪人能外内无患。自非圣人，外宁必有内忧，盍释楚以为外惧乎？"

【译文】

五月，晋军渡过黄河。听说楚军将要到达，范文子想要回去，说："我们假装逃避楚国，这样就能够缓和忧患。会合诸侯，不是我所能做到的，还是把它留给有能力的人吧。我们如果群臣和睦以奉侍国君，这就够了。"栾武子说："不行。"

六月，晋、楚两军在鄢陵相遇。范文子不想作战。郤至说："韩地这一战，惠公失败归来，箕地这一役，先轸不能回国复命；邲地这一仗，荀伯不能再跟楚军周旋，这都是晋国的耻辱，您也了解先君时代的情况了。现在我们逃避楚国，这又是增加耻辱。”范文子说：“我们先君的屡次作战，是有原因的。秦国、狄人、齐国、楚国都很强大，如果我们不尽自己的力量，子孙将会被削弱。现在三强已经顺服，敌人仅楚国而已。只有圣人才能够外部内部都没有祸患。如果不是圣人，外部安定，内部必然还有忧患，何不放掉楚国把它作为外部的戒惧呢？”

【原文】

甲午晦，楚晨压晋军而陈。军吏患之。范匄趋进曰：“塞井夷灶，陈于军中，而疏行首。晋、楚唯天所授，何患焉。”文子执戈逐之，曰：“国之存亡，天也。童子何知焉。”栾书曰：“楚师轻窕[1]，固垒而待之，三日必退。退而击之，必获胜焉。”郤至曰：“楚有六间[2]，不可失也。其二卿相恶，王卒以旧，郑陈而不整，蛮军而不陈，陈不违晦，在陈而嚣，合而加嚣。各顾其后，莫有斗心。旧不必良，以犯天忌，我必克之。”

【注释】

〔1〕轻窕：窕同“佻”。不沉着，不庄重，浮躁。

〔2〕间：间隙，弱点。

【译文】

二十九日（阴历月终），楚军在清早逼近晋军而摆开阵势。晋国的军吏担心这种情况。范匄快步向前，说：“填井平灶，就在军营中摆开阵势，把行列间的距离放宽。晋、楚两国都是上天的赐予，有什么可担心的？”范文子拿起戈来驱逐他，说：“国家的存亡，这是天意，小孩子知道什么？”栾书说：“楚军轻佻，加固营垒而等待他们，三天一定退军。乘他们退走而加以追击，一定可以得胜。”郤至说：“楚国有六个空子，不可失掉：楚国的两个卿互相排斥；楚共王的亲兵们从旧家中选拔，都已衰老；郑国虽然摆开阵势却不整齐；蛮人虽有军队却摆不成阵势；楚军摆阵不避晦日；士兵在阵中喧闹，与敌军相遇就更加喧闹，各军彼此观望，没有战斗意志，旧家出身的士兵不一定精良。所有这些都触犯了天意和兵家大忌。我们一定能战胜他们。”

【原文】

楚子登巢车以望晋军[1]。子重使太宰伯州犁侍于王后。王曰："骋而左右，何也？"曰："召军吏也。""皆聚于军中矣。"曰："合谋也。""张幕矣。"曰："虔卜于先君也。""彻幕矣。"曰："将发命也。""甚嚣，且尘上矣。"曰："将塞井夷灶而为行也。""皆乘矣，左右执兵而下矣。"曰："听誓也。""战乎？"曰："未可知也。""乘而左右皆下矣。"曰："战祷也。"伯州犁以公卒告王。苗贲皇在晋侯之侧，亦以王卒告。皆曰："国士在，且厚，不可当也。"苗贲皇言于晋侯曰："楚之良，在其中军王族而已。请分良以击其左右，而三军萃于王卒，必大败之。"公筮之，史曰："吉。其卦遇复☳，曰：'南国蹙射其元王，中厥目。'国蹙王伤，不败何待？"公从之。

【注释】

〔1〕巢车：瞭望敌人之战车。后代巢车有八轮，车上立高杆，杆顶装有辘轳，用绳子牵引木屋升降。当需要观察敌情时，君主或元帅偕同谋士乘木屋升至杆顶，观毕降下。春秋时巢车当与之相近。

【译文】

楚共王登上楼车瞭望晋军。子重让太宰伯州犁侍立楚王身后。楚王说："车子向左右驰骋干什么？"伯州犁说："这是召集军吏。""都聚集在中军了。"伯州犁说："这是一起谋划。""帐幕张开了。"伯州犁说："这是在先君的神主前占卜。""帐幕撤除了。"伯州犁说："这是将要发布命令了。""喧闹得厉害，而且尘土飞扬起来了。"伯州犁说："这是准备填井平灶摆开阵势。""都登上战车了，将帅和车右都拿着武器下车了。"伯州犁说："这是宣布号令。""他们要作战吗？"伯州犁说："还不能知道。""晋军上了战车，将帅和车右又下来了。"伯州犁说："这是战前的祈祷。"伯州犁把晋厉公亲兵的情况向楚共王报告。苗贲皇在晋厉公的旁边，也把楚共王亲兵的情况向晋厉公报告。晋厉公左右的将士们都说："有国家中杰出的人物在那里，而且军阵厚实，不能

矛　秦代兵器，长15.4厘米，叶长10.7厘米，宽3.2厘米，骹长4.7厘米，口径2.3–2.9厘米。现藏秦始皇陵兵马俑博物馆。

抵挡。”苗贲皇对晋厉公说：“楚国的精兵在于他们中军的王族而已。请求把我们的精兵分开去攻击他们的左右军，再集中三军攻打楚王亲兵，一定可以把他们打得大败。”晋厉公让太史占筮。太史说：“吉利。得到《复》䷗。卦辞说：‘南方的国家局促，射它的国王，箭头中目。’国家局促，国王受伤，不失败，还等待什么？”晋厉公听从了。

【原文】

有淖于前，乃皆左右相违于淖。步毅御晋厉公，栾鍼为右。彭名御楚共王，潘党为右。石首御郑成公，唐苟为右。栾、范以其族夹公行。陷于淖。栾书将载晋侯，鍼曰：“书退，国有大任，焉得专之？且侵官，冒也；失官，慢也；离局，奸也。有三罪焉，不可犯也。”乃掀公以出于淖。

癸巳，潘尫之党与养由基蹲甲而射之[1]，彻七札焉[2]。以示王，曰：“君有二臣如此，何忧于战？”王怒曰：“大辱国，诘朝尔射，死艺。”吕锜梦射月，中之，退入于泥。占之曰：“姬姓，日也，异姓，月也，必楚王也。射而中之，退入于泥，亦必死矣。”乃战，射共王中目。王召养由基，与之两矢，使射吕锜，中项，伏弢。以一矢复命。

【注释】

〔1〕蹲甲而射之：蹲，聚焦。把甲胄叠起来用箭去射。

〔2〕彻七札：透过七层甲。

【译文】

晋军营前头有泥沼，于是晋军都或左或右地避开泥沼而行。步毅驾御晋厉公的战车，栾鍼作为车右。彭名驾御楚共王的战车，潘党作为车右。石首驾御郑成公的战车，唐苟作为车右。栾、范领着他们私族部队左右护卫着晋厉公前进。战车陷在泥沼里。栾书打算将晋厉公装载在自己车上。他儿子栾鍼说：“书退下去！国家有大事，你哪能一人包办了？而且侵犯别人的职权，这是冒犯，丢弃自己的职责，这是怠慢；离开自己的部下，这是扰乱。有三件罪名，这是不能碰的。”于是就掀起晋厉公的战车离开泥沼。

六月二十八日，潘尪的儿子党和养由基把皮甲重叠而射它，穿透了七层。拿去给楚共王看，说："君王有这样两个臣下在这里，还有什么可担心的？"楚共王发怒说："真丢人！明早作战，你们射箭，将会死在这武艺上。"吕锜梦见自己射月亮，射中，自己却退进了泥里。占卜，说："姬姓，是太阳；异姓，是月亮，这一定是楚共王了。射中了他，自己又退进泥里，就一定会战死。"等到作战时，吕锜射中了楚王的眼睛。楚王召唤养由基，给他两支箭，让他射吕锜。结果射中吕锜的脖子，伏在弓套上死了。养由基拿了剩下的一支箭向楚共王复命。

【原文】

郤至三遇楚子之卒，见楚子，必下，免胄而趋风。楚子使工尹襄问之以弓，曰："方事之殷也，有韎韦之跗注，君子也。识见不穀而趋，无乃伤乎？"郤至见客，免胄承命，曰："君之外臣至，从寡君之戎事，以君之灵，间蒙甲胄，不敢拜命。敢告不宁，君命之辱。为事之故，敢肃使者。"三肃使者而退。

晋韩厥从郑伯，其御杜溷罗曰："速从之！其御屡顾，不在马，马及也。"韩厥曰："不可以再辱国君。"乃止。郤至从郑伯，其右茀翰胡曰："谍辂之[1]，余从之乘，而俘以下。"郤至曰："伤国君有刑。"亦止。石首曰："卫懿公唯不去其旗，是以败于荧。"乃内旌于弢中。唐苟谓石首曰："子在君侧，败者壹大[2]。我不如子，子以君免，我请止。"乃死。

【注释】

〔1〕谍辂之：谍为侦察兵，此指小股轻快之军。辂，迎也。派小股轻快之军绕到郑伯前拦截。

〔2〕败者壹大：壹指郑君。在战败时，保护国君之安全为第一件大事。

【译文】

郤至三次碰到楚共王的士兵，见到楚共王时，一定下车，脱下头盔，快步向前走。楚共王派工尹襄送上一张弓去问候，说："正当战事激烈的时候，有一位身穿浅红色牛皮军服的人，是君子啊！刚才见到我而快走，恐

窃曲纹罍（léi） 春秋时期酿酒器，通高 21.2 厘米，口径 16.2 厘米，腹径 28.7 厘米。现藏于河北省博物馆。

怕是受伤了吧！”郤至见到客人，脱下头盔接受命令，说：“贵国君王的外臣郤至跟随寡君作战，托君王的福，参与了披甲的行列，不敢拜谢命令。谨向君王报告没有受伤，感谢君王惠赐给我的命令。由于战事的缘故，谨向使者肃拜。”三次向使者肃拜以后才退走。

晋国的韩厥追赶郑成公，他的车夫杜溷罗说：“赶快追上去！他们的御者屡屡回头看，注意力不在马上，可以赶上。”韩厥说：“不能再次羞辱国君。”于是就停止追赶。郤至追赶郑成公，他的车右茀翰胡说：“另外派轻车从小道迎击，我追上他的战车而把他俘虏下来。”郤至说：“伤害国君要受到刑罚。”也停止了追赶。石首说：“卫懿公由于不去掉他的旗子，所以才在荧地战败。”于是就把旗子放进弓袋里。唐苟对石首说：“您在国君旁边，战败者应该一心保护国君。我不如您，您带着国君逃走，我请求留下。”于是唐苟就战死了。

【原文】

楚师薄于险，叔山冉谓养由基曰：“虽君有命，为国故，子必射。”乃射，再发，尽殪。叔山冉搏人以报，中车，折轼。晋师乃止。囚楚公子茷。

栾鍼见子重之旌，请曰：“楚人谓夫旌，子重之麾也，彼其子重也。日臣之使于楚也，子重问晋国之勇，臣对曰：‘好以众整。’曰：‘又何如？’臣对曰：‘好以暇。’今两国治戎，行人不使，不可谓整；临事而食言，不可谓暇。请摄饮焉[1]。”公许之，使行人执榼承饮[2]，造于子重，曰：“寡君乏使，使鍼御持矛，是以不得犒从者，使某摄饮。”子重曰：“夫子尝与吾言于楚，必是故也。不亦识乎。”受而饮之，免使者而复鼓。旦而战，见星未已。

【注释】

〔1〕请摄饮：摄，代也，请求派人代替自己前去向子重献酒。

〔2〕执榼承饮：榼，盛酒器。承，奉也。执酒器奉酒。

【译文】

楚军被逼在险阻的地方，叔山冉对养由基说：“虽然国君有命令，为了国家的缘故，您一定要射箭。”养由基就射向晋军，再射，被射的人都被射死。叔山冉举起晋国人掷过去，掷中战车，折断了车前的横木。晋军于是停下来。囚禁了楚国的公子筏。

司母戊方鼎　鼎通高 133 厘米，口长 116 厘米，宽 78 厘米，重 875 千克。司母戊方鼎是我国已发现的最大的青铜器。

栾铸见到子重的旌旗，请求说：“楚国人说那面旌旗是子重的旗号，他恐怕就是子重吧。当初下臣出使到楚国，子重问起晋国的勇武表现在哪里，下臣回答说：‘喜好整齐，按部就班。’子重说：‘还有什么？’下臣回答说：‘喜好从容不迫。’现在两国兴兵，不派遣使者，不能说是按部就班；临到事情而说话不算，不能说是从容不迫。请君王派人替我给子重进酒。”晋厉公答应了，派遣使者拿着酒器奉酒，到了子重那里，说：“寡君缺乏使者，让栾铖执矛侍立在他左右，因此不能犒赏您的从者，派我前来代他送酒。”子重说：“他老人家曾经跟我在楚国说过一番话，送酒来一定是这个原因。他的记忆力不也是很强吗？”受酒而饮，不留难使者而重新击鼓。早晨开始作战，直至见到星星还没有结束。

【原文】

子反命军吏察夷伤，补卒乘，缮甲兵，展车马，鸡鸣而食，唯命是听。晋人患之。苗贲皇徇曰：“搜乘[1]、补卒、秣马、利兵、修陈、固列、蓐食[2]，申祷，明日复战。”乃逸楚囚[3]。王闻之，召子反谋。穀阳竖献饮于子反，子反醉而不能见。王曰：“天败楚也夫！余不可以待。”乃宵遁。

晋入楚军，三日谷。范文子立于戎马之前，曰：“君幼，诸臣不佞，何以及此？君其戒之！《周书》曰：‘惟命不于常。’有德之谓。”

【注释】

〔1〕搜乘：检阅清点车马。

〔2〕蓐食：饱食一顿。申祷：再次向神灵祈祷求胜。

〔3〕逸楚囚：故意放走楚俘，使回去广为传播，以动摇楚军之心。

【译文】

子反命令军官视察伤情，补充徒兵骑兵，修理盔甲武器，摆列战车马匹，鸡叫的时候吃饭，唯主帅的命令是听。晋国因此担心。苗贲皇通告全军说：“检阅战车，补充士卒，喂好马匹，磨快武器，整顿军阵，巩固行列，饱餐一顿，再次祷告，明天再战！”就故意放松楚国的俘虏让他们逃走。楚共王听到这些情况，召子反一起商量。榖阳竖献酒给子反，子反喝醉了不能进见。楚共王说：“这是上天要让楚国失败啊！我不能等着。”于是在夜里逃走了。

晋军进入楚国军营，吃了三天楚军留下的粮食。范文子站在兵马前面，说：“君王年幼，下臣们不才，怎么能得到这个结果？君王还是要警惕啊！《周书》说‘天命不能常在不变’，说的是有德的人就可以享有天命。”

【原文】

楚师还，及瑕，王使谓子反曰：“先大夫之覆师徒者，君不在。子无以为过，不谷之罪也。”子反再拜稽首曰：“君赐臣死，死且不朽。臣之卒实奔，臣之罪也。”子重使谓子反曰：“初陨师徒者，而亦闻之矣，盍图之！”对曰：“虽微先大夫有之，大夫命侧，侧敢不义？侧亡君师，敢忘其死？”王使止之，弗及而卒。

【译文】

楚军回去，到达瑕地，楚共王派人对子反说：“先大夫让军队覆没，当时国君不在军中。现在您没有过错，这是我的罪过。”子反再拜叩头说：“君王赐下臣一死，死而不朽。下臣的士兵的确败逃了，这是下臣的罪过。”子重也派人对子反说：“当初让军队覆没的人，他的结果你也听到过了。何不自己打算一下！”子反回答说：“即使没有先大夫自杀谢罪的事，大夫命令侧死去，侧岂敢贪生而陷于不义？侧使国君的军队败亡，岂敢忘记一死？”楚共王派人阻止他，没来得及，子反就自杀了。

晋祁奚举贤

【原文】

祁奚请老，晋侯问嗣焉。称解狐，其雠也，将立之而卒。又问焉，对曰："午也可。"于是羊舌职死矣，晋侯曰："孰可以代之？"对曰："赤也可。"于是使祁午为中军尉，羊舌赤佐之。

君子谓："祁奚于是能举善矣。称其雠，不为谄；立其子，不为比[1]；举其偏，不为党。《商书》曰：'无偏无党，王道荡荡[2]。'其祁奚之谓矣。解狐得举，祁午得位，伯华得官，建一官而三物成，能举善也夫。唯善，故能举其类。《诗》云：'惟其有之，是以似之[3]'。祁奚有焉。"

【注释】

〔1〕比：因私情而偏爱。

〔2〕无偏无党，王道荡荡：意为不徇私情不结朋党，遵行王道而公正无私。

〔3〕惟其有之，是以似之：见《诗经·小雅·裳裳者华》。似与"嗣"同音，可通假。嗣为后嗣，继承人之意。诗意为惟善人有此美德，故而他的后代能继承此善。比喻祁奚有善德，他举荐之人亦能继承之。

双兽三轮盘　春秋晚期盥器，通高15.6厘米，口径26厘米，底径14.5厘米。是目前所见于世唯一的三轮盘。现藏于中国国家博物馆。

【译文】

祁奚请求告老退休，晋悼公问谁来接替他好。祁奚称道解狐。解狐，是祁奚的仇人，晋悼公打算任命解狐，他却死了。晋悼公又问祁奚，祁奚回答说："祁午也可以胜任。"这时羊舌职死了，晋悼公说："谁可以接替他？"祁奚回答说："羊舌赤可以胜任。"因此，晋悼公就派遣祁午做中军尉，羊舌赤为副职。

君子认为："祁奚在这种情况下能够推举有德行的人。举荐他的仇人而不是谄媚，安排他的儿子而不是勾结，推举他的副手而不是结党。《商书》说：'不偏私不结党，君王之道浩浩荡荡。'这说的就是祁奚啊。解狐能被推举，祁午能被安排，羊舌赤能有官位，建立一个官位而成全三件事，这是由于能够推举好人的缘故啊。唯其有德行，才能推举类似他的好人。《诗》说，'正因为具有美德，推举的人才能和他相似'，祁奚就是这样的人。"

师旷论卫人出其君

【原文】

师旷侍于晋侯。晋侯曰："卫人出其君，不亦甚乎？"对曰："或者其君实甚。良君将赏而刑淫，养民如子，盖之如天，容之如地；民奉其君，爱之如父母，仰之如日月，敬之如神明，畏之如雷霆：其可出乎？夫君，神之主而民之望也。若困民之生，匮神乏祀，百姓绝望，社稷无主，将安用之？弗去何为？天生民而立之君，使司牧之，勿使失性；有君而为之贰，使师保之，勿使过度。是故天子有公，诸侯有卿，卿置侧室，大夫有贰宗，士有朋友，庶人、工、商、皂、隶、牧、圉皆有亲昵，以相辅佐也。善则赏之，过则匡之，患则救之，失则革之。自王以下，各有父兄子弟以补察其政。史为书，瞽为诗，工诵箴谏，大夫规诲，士传言，庶人谤，商旅于市，百工献艺。故《夏书》曰：'遒人以木铎徇于路，官师相规，工执艺事以谏。'正月孟春，于是乎有之，谏失常也。天之爱民甚矣！岂其使一人肆于民上，以从其淫而弃天地之性？必不然矣！"

【译文】

师旷随侍在晋悼公身边。晋悼公说："卫国人赶走他们的国君，不是太过分了吗？"师旷回答说："或许是他们的国君太过分了。好的国君将奖赏善良，征治邪恶，抚养百姓有如儿女，覆盖他们有如苍天，容纳他们有如大地；百姓侍奉自己的国君，爱戴他好像父母，敬仰他好像日月，尊敬他好像神灵，害怕他好像雷霆，哪能赶走？国君，祭神的主持者和百姓的希望。如果让百姓的财物缺少，神灵失去主祭人，百姓断绝希望，国家没有主人，哪里会用得着他？不赶走他做什么？上天生下百姓并且立他们的国君，让他统治他们，不使他们失掉天性；有了国君还为他设置卿大夫辅佐，让他们去教诲保护他，不让他做事过分。因此天子有公，诸侯有卿，卿设立侧室，大夫有贰宗，士有朋友，庶人、工、商、皂、隶、牧、圉都有亲近的人，用来互相帮助。善良就赞扬，过头就纠正，患难就救助，错误就革除。从天子以下父兄子弟来补救观察他们政令的过失。太史加以记载，乐师写作诗歌，乐工诵读箴谏，大夫规劝开导，士传话，庶人指责，商人在市场上议论，各种工匠奉献技艺。所以《夏书》说：‘宣布教化的官员摇着木铎在大路上巡行，官长规劝，工匠奉献技艺以劝谏。’正月初春，这时候就有官员在大道上摇动木铎，这是因为劝谏失去了常规的缘故。上天爱护百姓是非常周到的！难道会让一个人在百姓头上任意作为，放纵他的邪恶而失去天地的本性吗？一定不会这样的！”

楚王酓朏鼎　战国后期，通高59.7厘米，宽60.5厘米，口径46.6厘米，重53.8千克。1933年出土于安徽省朱家集。铸有铭文：𠈇集厨集厨社鼎。楚王酓朏作鑄鐈鼎，以供歲嘗。

伯州犁问囚

【原文】

楚子、秦人侵吴，及雩娄[1]，闻吴有备而还。遂侵郑。五月，至于城麇[2]。郑皇颉戍之，出，与楚师战，败。穿封戌囚皇颉，公子围与之争之，正与伯州犁。伯州犁曰：“请问于囚。”乃立囚。伯州犁曰：“所争，君子也，其何不知？”上其手，曰：“夫子为王子围，寡君之贵介弟也[3]。”下其手，曰：“此子为穿封戌，方城外之县尹也。谁获子？”囚曰：“颉遇王子，弱焉。”戌怒，抽戈逐王子围，弗及。楚人以皇颉归。

【注释】

〔1〕雩娄：在今河南省商城县东。

〔2〕城麇：所在无考。

〔3〕贵介：地位高贵。

【译文】

楚康王、秦国人联军侵袭吴国，到达雩娄，听到吴国有了防备而退走，就乘机入侵郑国。五月，到达城麇。郑国的皇颉在城麇戍守，出城，和楚军作战，战败。穿封戌俘虏了皇颉，公子围和他争功，要伯州犁判断是非。伯州犁说："请问一下俘虏。"于是就让俘虏站在前面。伯州犁说："所争夺的对象便是您，您是君子，有什么不明白的？"举起手，说："那一位是王子围，是寡君的尊贵的弟弟。"放下手，说："这个人是穿封戌，是方城山外边的县尹。谁俘虏您了？"俘虏说："颉碰上王子，抵抗不住。"穿封戌发怒，抽出戈追赶王子围，没有追上。楚国人带着皇颉回去。

蔡声子论晋用楚材

【原文】

初，楚伍参与蔡大师子朝友，其子伍举与声子相善也。伍举娶于王子牟。王子牟为申公而亡，楚人曰："伍举实送之。"伍举奔郑，将遂奔晋。声子将如晋，遇之于郑郊，班荆相与食，而言复故。声子曰："子行也，吾必复子。"

及宋向戌将平晋、楚，声子通使于晋，还如楚。令尹子木与之语，问晋故焉，且曰："晋大夫与楚孰贤？"对曰："晋卿不如楚，其大夫则贤，皆卿材也。如杞梓、皮革，自楚往也。虽楚有材，晋实用之。"子木曰："夫独无族姻乎？"对曰："虽有，而用楚材实多。归生闻之，善为国者，赏不僭而刑不滥。赏僭，则惧及淫人；刑滥，则惧及善人。若不幸而过，宁僭，无滥。与其失善，宁其利淫。无善人，则国从之。《诗》曰'人之云亡，邦国殄瘁'，无善人之谓也。故《夏书》曰：'与其杀不辜，宁失不经'，惧失善也。《商颂》有之曰：'不僭不滥，不敢怠皇。命于下国，封建厥福’，此汤所以获天福也。古之治民者，劝赏而畏刑，恤民不倦。赏以春夏，刑以秋冬。是以将赏，为之加膳，加膳则饫赐，此以知其劝赏也。将刑，为之不举，不举则彻乐，此以知其畏刑也。夙兴夜寐，朝夕临政，此以知其恤民也。三者，礼之大节也。有礼无败。今楚多淫刑，其大夫逃死于四方，而为之谋生，以害楚国，不可救疗，所谓不能也。子仪之乱，析公奔晋，晋人置诸戎车之殿，以为谋主。绕角之役，晋将遁矣，析公曰：‘楚师轻窕，易震荡也。若多鼓钧声，以夜军之，楚师必遁。’晋人从之，楚师宵溃。晋遂侵蔡，袭沈，获其君，败申、息之师于桑隧，获申丽而还。郑于是不敢南面。楚失华夏，则析公之为也。雍子之父兄谮雍子，君与大夫不善是也，雍子奔晋，晋人与之鄐，以为谋主。彭城之役，晋、楚遇于靡角之谷。晋将遁矣，雍子发命于军曰：‘归老幼，反孤疾，二人役，归一人。简兵蒐乘，秣马蓐食，师陈焚次，明日将战。’行归者，而逸楚囚蒐。楚师宵溃，晋降彭城而归诸宋，以鱼石归。楚失东夷，子辛死之，则雍子之为也。子反与子灵争夏姬，而雍害其事，子灵奔晋，晋人与之邢，以为谋主，扞御北狄，通吴于晋，教吴叛楚，教之乘车、射御、驱侵，使其子狐庸为吴行人焉。吴于是伐巢、取驾[1]、克棘[2]、入州来[3]，楚罢于奔命，至今为患，则子灵之为也。若敖之乱，伯贲之子贲皇奔晋，晋人与之苗[4]，以为谋主。鄢陵之役，楚晨压晋军而陈。晋将遁矣，苗贲皇曰：‘楚师之良在其中军王族而已，若塞井夷灶，成陈以当之，栾、范易行以诱之，中行、二郤必克二穆，吾乃四萃于其王族，必大败之，晋人从之，楚师大败，王夷师熸，子反死之。郑叛、吴兴，楚失诸侯，则苗贲皇之为也。”子木曰：“是皆然矣。”声子曰：“今又有甚于此者。椒举娶于申公子牟，子牟得戾而亡，君大夫谓椒举，‘女实遣之’。惧而奔郑，引领南望，曰：'庶几赦余'，亦弗图也。今在晋矣。晋人将与之县，以比叔向。彼若谋害楚国，岂不为患？”子木惧，言诸王，益其禄爵而复之。声子使椒鸣逆之。

【注释】

〔1〕驾：在今安徽省无为县境。

〔2〕棘：今河南省永城县东。

〔3〕州来：今安徽省凤台县。

〔4〕苗：晋邑，在今河南省济源县西。

【译文】

当初，楚国的伍参和蔡国的太师子朝友好，他的儿子伍举和声子也互相友好。伍举娶了王子牟的女儿。王子牟为申公而逃亡，楚国人说："伍举确实护送了他。"伍举逃亡到郑国，准备乘机再到晋国。声子打算去到晋国，在郑国郊外碰到了他，把草铺在地上一起吃东西，谈到回楚国去的事，声子说："您走吧，我一定让您回去。"

等到宋国的向戌准备调解晋国和楚国的关系，声子出使到晋国。回到楚国，令尹子木和他谈话，询问晋国的事，而且说："晋国的大夫和楚国的大夫谁更贤明？"声子回答说："晋国的卿不如楚国，晋国的大夫是贤明的，都是当卿的人材。好像杞木、梓木、皮革，都是楚国运去的。虽然楚国有人材，晋国却实在使用了他们。"子木说："他们没有同宗和亲戚吗？"声子回答说："虽然有，但使用楚国的人材确实多。归生听说：'善于为国家做事的，赏赐不过分，而刑罚不滥用。赏赐过分，就怕及于坏人；刑罚滥用，就怕及于好人。如果不幸而有了不当，宁可过分，不要滥用。与其失掉好人，宁可利于坏人。没有好人，国家就跟着受害。'《诗》说：'这个能人不在，国家就遭受灾害，'这就是说没有好人。所以《夏书》说：'与其杀害无辜，宁可对罪人失于刑罚。'这就是怕失掉好人。《商颂》有这样的话说：'不过分不滥用，不敢懈怠偷闲，向下国发布命令，大大地建立他的福禄。'这就是汤所以获得上天赐福的原因。古代治理百姓的人，乐于赏赐而怕用刑罚，为百姓操心而不知疲倦。在春天、夏天行赏，在秋季、冬季行刑。因此，在将要行赏的时候就为它增加膳食，加膳以后可以

四升臼客方壶　战国后期，通高38.1厘米，口径17.2厘米，腹径20厘米，重4.9千克。方足上刻有铭文：四升臼客四锾十一冢右七内個。

把剩菜大批赐给下面，由于这样而知道他乐于赏赐。将要行刑的时候就为它减少膳食，减了膳食就撤去音乐，由于这样而知道他怕用刑罚。早起晚睡，早晚都亲临办理国事，由于这样而知道他为百姓操心。这三件事，是礼仪的关键。讲求礼仪就不会失败。现在楚国滥用刑罚，楚国的大夫逃命到四方的国家，并且做别国的主要谋士，来危害楚国，以致于不可救药了，这就是说的滥用刑罚不能容忍。子仪的叛乱，析公逃亡到晋国，晋国人把他安置在晋侯战车的后面，让他作为主要谋士。绕角那次战役，晋国人将要逃走了，析公说：'楚军轻佻，容易被震动。如果同时敲打许多鼓发出大声，在夜里全军进攻，楚军必然会逃走。'晋国人听从了，楚军夜里崩溃。晋国于是就侵入蔡国，袭击沈国，俘虏了沈国的国君，在桑隧打败申国和息国军队，俘虏了申丽而回国。郑国在那时候不敢向着南方的楚国。楚国丧失了中原，这就是析公干出来的。雍子的父亲和哥哥诬陷雍子，国君和大夫不为他们去调解，雍子逃亡到晋国，晋国人将鄐地给了他，让他作为主要谋士。彭城那次战役，晋国、楚国在靡角之谷相遇。晋国人将要逃走了，雍子对军队发布命令说：'年纪老的和年纪小的都回去，孤儿和有病的也都回去，兄弟两个服役的回去一个。精选徒兵，检阅车兵，喂饱马匹，让兵士吃饱，军队摆开阵势，焚烧帐篷，明天将要决战。'让该回去的走路，并且故意放走楚国俘虏，楚军夜里崩溃。晋国降服了彭城而归还给宋国，带了鱼石回国。楚国失去东夷，子辛为此战而阵亡，这都是雍子干出来的。子反和子灵争夺夏姬而阻挠子灵的婚事，子灵逃亡到晋国，晋国人封给他邢地，让他作为主要谋士，抵御北狄，让吴国和晋国通好，教吴国背叛楚国，教他们坐车、射箭、驾车奔驰作战，让他的儿子狐庸做了吴国的行人。吴国在那时候攻打巢地，占取驾地，攻下棘地，进入州来，楚国疲于奔命，到今天还是祸患，这就是子灵干出来的。若敖的叛乱，伯贲的儿子贲皇逃亡到晋国，晋国人封给他苗地，让他作为主要谋士。鄢陵那次战役，楚军早晨逼近晋军并摆开阵势，晋国人就要逃走了。苗贲皇说：'楚军的精锐在于他们中军的王族而已，如果填井平灶，摆开阵势以抵挡他们，栾、范用家兵引诱楚军，中行和郤锜、郤至一定能够战胜子重、子辛。我们就用四军集中对付他们的王族，一定能够把他们打得大败。'晋国人听从了，楚军大败，君王受伤，军队一蹶不振，子反为此而死。郑国背叛，吴国兴起，楚国失去诸侯，这就是苗贲皇干出来的。"子木说："阁下所说的都是那样的。"声子说："现在又有比这厉害的。椒举娶了申公子牟的女儿，子牟得罪而逃亡。国君和大夫对椒举说：'实在是你让他走的。'椒举害怕而逃亡到郑国，伸长了脖子望着南方，说：'也许可以赦免我。'但是我们也不放在心上。现在他在晋国了。晋国人将要把县封给他，以和叔向并列。他如果策划危害楚国，岂不成为祸患？”子木听了这些很恐惧，对楚康王说了，楚康王提高了椒举的官禄爵位而让他回楚国官复原职。声子让椒鸣去迎接椒举。

吴季札观乐

【原文】

吴公子札来聘。……请观于周乐。使工为之歌《周南》、《召南》[1]，曰：“美哉！始基之矣，犹未也，然勤而不怨矣。”为之歌《邶》、《鄘》、《卫》曰：“美哉渊乎[2]！忧而不困者也。吾闻卫康叔、武公之德如是，是其《卫风》乎！为之歌《王》，曰：“美哉！思而不惧，其周之东乎！”为之歌《郑》，曰：“美哉！其细已甚，民弗堪也。是其先亡乎！”为之歌《齐》，曰：“美哉！泱泱乎[3]！大风也哉！表东海者，其太公乎！国未可量也。”为之歌《豳》，曰：“美哉！荡乎！乐而不淫，其周公之东乎！”为之歌《秦》，曰：“此之谓夏声[4]。夫能夏则大，大之至也，其周之旧乎！”为之歌《魏》，曰：“美哉沨沨乎[5]！”大而婉[6]，险而易行，以德辅此，则明主也。”为之歌《唐》，曰：“思深哉！其有陶唐氏之遗民乎？不然，何忧之远也？非令德之后，谁能若是？”为之歌《陈》，曰：“国无主，其能久乎？”自《郐》以下无讥焉。

【注释】

〔1〕《周南》、《召南》：《诗经》“国风”中开头两组诗歌。以下皆见《诗经》。

〔2〕渊：深远。

〔3〕泱泱乎：弘大之声。

〔4〕夏声：华夏之声。秦僻处陇西，周宣王时始命秦仲为大夫，始有车马礼乐。去戎狄之声而与诸夏同风，谓之夏声。

〔5〕沨沨：形容乐声委婉抑扬。

〔6〕大而婉：粗犷而又委婉。

【译文】

环带纹壶　春秋后期，通高43.5厘米，宽25厘米，重8.11千克。

吴国公子季札到鲁国来访问，……公子札请求聆听观看周朝的音乐和舞蹈。于是让乐工为他歌唱《周南》、《召南》。季札说："美啊！王业开始奠定基础了，还没有完成，然而百姓勤劳而不怨恨了。"为他歌唱《邶风》、《鄘风》、《卫风》之歌，他说："美好又深厚啊！忧愁而不窘迫。我听说卫康叔、武公的德行就像这样，这大概就是《卫风》吧！"为他歌唱《王风》之歌，他说："美好啊！思虑而不恐惧，大概是周室东迁以后的音乐吧！"为他歌唱《郑风》之歌，他说："美好啊！但是它琐碎得太过分了，百姓不能忍受的。这大概是郑国要先灭亡的原因吧！"为他歌唱《齐风》之歌，他说："美好啊，宏大呵！这是大国的音乐啊！作为东海的表率的，大概是太公的国家吧！国家前途不可限量。"为他歌唱《豳风》之歌，他说："美好啊，平正呵！欢乐而不过度，大概是周公东征的音乐吧！"为他歌唱《秦风》之歌，他说："这就叫做西方的夏声。夏就是大，大到极点了，恐怕是周朝的旧乐吧！"为他歌唱《魏风》，他说："美好啊！抑扬顿挫呵！粗犷而又婉转，艰难而易于推行，再用德行加以辅助，就是贤明的君主了。"为他歌唱《唐风》，他说："思虑很深啊！大概有陶唐氏的遗民吧？否则，为什么那么忧思深远呢？不是美德者的后代，谁能像这样？"为他歌唱《陈风》，他说："国家没有主人，难道能够长久吗？"从《郐风》以下的诗歌，季札听了就没有评论了。

【原文】

为之歌《小雅》，曰："美哉！思而不贰，怨而不言，其周德之衰乎？犹有先王之遗民焉。"为之歌《大雅》，曰："广哉！熙熙乎[1]！曲而有直体[2]，其文王之德乎！"为之机器人《颂》曰："至矣哉！直而不倨，曲而不屈，迩而不逼，远而不携，迁而不淫，复而不厌哀而不愁，乐而不荒，用而不匮，广而不宣，施而不费，取而不贪，处而不底，行而不流。五声和[3]，八风平。节有度，守有序，盛德之所同也。"

【注释】

〔1〕熙熙：和乐的样子。

〔2〕曲而有直体：乐曲起伏跌荡而立意正直。

〔3〕五声和：宫商角徵羽五音谐和。

【译文】

乐师为他歌唱《小雅》，他说："美好啊！忧愁而没有三心二意，怨恨却不表现在语言中，恐怕是周朝德行衰微的乐章吧！还是有先王的遗民啊！"为他歌唱《大雅》，他说："广博啊，和美呵！抑扬曲折而本体刚健劲直，大概是文王的德行吧！"为他歌唱《颂》，他说："到达顶点了！正直而不倨傲，曲折而不卑下，亲近而不相逼，疏远而不离心，活泼而不邪乱，反复而不厌倦，哀伤而不忧愁，欢乐而不荒淫，使用而不匮乏，宽广而不显露，施舍而不浪费，收取而不贪婪，静止而不停滞，行进而不流荡。五声和谐，八风协调。节拍有一定的尺度，乐器都按次序，这都是盛德之人所共同具有的。"

能原镈　春秋后期，通高40.8厘米，宽31.8厘米，重18.84千克。

【原文】

见舞《象箾》〔1〕、《南籥》者〔2〕，曰："美哉！犹有憾。"见舞《大武》者曰〔3〕："美哉！周之盛也，其若此乎！"见舞《韶濩》者〔4〕，曰："圣人之弘也，而犹有惭德〔5〕，圣人之难也。"见舞《大夏》者〔6〕，曰："美哉！勤而不德，非禹，其谁能修之？"见舞《韶濩》者〔7〕，曰："德至矣哉，大矣！如天之无不帱也〔8〕，如地之无不载也。虽甚盛德，其蔑以加于此矣，观止也。若有他乐，吾不敢请已。"

【注释】

〔1〕《象箾》：象为武舞。箾，舞蹈者所持之杆状道具。

〔2〕《南籥》：南指二南，籥为一种乐器，为文舞时所持之道具。

〔3〕《大武》：武王之乐舞。

〔4〕《韶濩》：成汤之乐舞。

〔5〕惭德：德行上犹有缺欠。

[6]《大夏》：禹之乐舞。

[7]《韶箾》：舜之乐舞。

[8]帱：覆盖也。

【译文】

公子札看到跳《象箾》《南籥》舞，说："美好啊！但还有遗憾。"看到跳《大武》舞，说："美好啊！周朝兴盛的时候，大概就像这样吧！"看到跳《韶箾》舞，说："像圣人那样的弘大，尚且还有所惭愧，可见当圣人不容易啊！"看到跳《大夏》舞，说："美好啊！功劳而不自以为有德，不是禹，还有谁能做到呢？"看到跳《韶箾》舞，说："功德到达顶点了，伟大啊！像上天的没有不覆盖，像大地的没有不承载。盛德到达顶点，就不能再比这更有所增加了，聆听观看就到这里了。如果还有别的音乐，我不敢再请求欣赏了。"

郑子产为政

【原文】

郑子皮授子产政，辞曰："国小而逼，族大宠多，不可为也。"子皮曰："虎帅以听，谁敢犯子？子善相之，国无小，小能事大，国乃宽。"

子产为政，有事伯石，赂与之邑。子太叔曰："国皆其国也，奚独赂焉？"子产曰："无欲实难。皆得其欲，以从其事，而要其成。非我有成，其在人乎？何爱于邑，邑将焉往？"子太叔曰："若四国何？"子产曰："非相违也，而相从也，四国何尤焉？《郑书》有之曰：'安定国家，必大焉先。'姑先安大，以待其所归。"既伯石惧而归邑，卒与之。伯有既死，使太史命伯石为卿，辞。太史退，则请命焉。复命之，又辞。如是三，乃受策入拜。子产是以恶其为人也，使次己位。

【译文】

郑国的子皮把政权交给子产，子产辞谢说："国家小而逼近大国，家族庞大而受宠的人又多，不能治理好。"子皮说："虎率领他们听从，谁敢触犯您？

您好好地辅助国政吧。国家不在于小，小国能够侍奉大国，国家就可以得到缓和了。”

子产治理政事，有事情要伯石去办，赠送给他城邑，子太叔说：“国家是大家的国家，为什么独给他送东西？”子产说：“要没有欲望确实是难的。使他们满足欲望，去办他们的事情而取得成功。这不是我的成功，难道是别人的成功吗？对城邑有什么爱惜的，它会跑到哪里去？”子太叔说：“四方邻国将怎么看待？”子产说：“这样做不是为了互相违背，而是为了互相顺从，四方的领国对我们有什么可责备的？《郑书》有这样的话：‘安定国家，一定要优先照顾大族。’姑且先照顾大族，以等待它的后果。”不久，伯石害怕而把封邑归还，最终子产还是把城邑给了他。伯有死了以后，郑简公让太史去命令伯石做卿，伯石辞谢。太史退出，伯石又请求太史重新发布命令，命令下来了又辞谢。像这样一连三次，这才接受策书入朝拜谢。子产因此讨厌伯石的为人，但又怕他作乱，就让他居于仅次于自己的地位。

【原文】

子产使都鄙有章[1]，上下有服，田有封洫[2]，庐井有伍[3]。大人之忠俭者，从而与之；泰侈者因而毙之。

丰卷将祭，请田焉。弗许，曰：“唯君用鲜，众给而已。”子张怒，退而征役。子产奔晋，子皮止之，而逐丰卷。丰卷奔晋。子产请其田里，三年而复之，反其田里及其入焉。

从政一年，舆人诵之，曰：“取我衣冠而褚之[4]，取我田畴而伍之。孰杀子产，吾其与之。”及三年，又诵之曰“我有子弟，子产诲之；我有田畴，子产殖之[5]。子产而死，谁其嗣之？”

（以上襄公三十年）

【注释】

〔1〕都鄙有章：都指城邑，鄙指乡野。章，分别也。使城乡有别。

〔2〕封洫：田地疆界与沟洫。

〔3〕庐井有伍：庐，舍也。井，农田。伍犹列也。庐舍和农田排列有序。

〔4〕褚之：储藏。将不合身份地位的服饰储藏起来。

〔5〕殖之：使增加产量。

【译文】

子产让城市和乡村有所区别，上下尊卑各有职责，土田四界有水沟，庐舍和耕地能互相适应。对卿大夫中忠诚俭朴的，听从他，亲近他；骄傲奢侈的，依法惩办。

免尊　西周中期，通高17.2厘米，宽18.3厘米，重2.62千克。内有铭文：唯六月初吉，王在鄭，丁亥，王格大室，邢叔佑免。王蔑免歷，令史懋賜书載市、絅黄。作嗣工。對揚王休，用作尊彝。免其萬年永寶用。

丰卷准备祭祀，请求猎取祭品。子产不答应，说：“只有国君祭祀才用新猎取的野兽，一般人只要大致足够就可以了。”丰卷发怒，退出以后就召集士兵。子产要逃亡到晋国，子皮阻止他而驱逐了丰卷。丰卷逃亡到晋国，子产请求不要没收他的田地住宅，三年以后让丰卷回国复位，把他的田地住宅和一切收入都还给他。

子产参与政事一年，人们歌唱道：“计算我的家产而收财物税，丈量我的耕地而征收田税。谁杀死子产，我就助他一臂。”到了三年，又歌唱道：“我有子弟，子产教诲；我有土田，子产栽培。子产死了，谁来继位？”……

【原文】

公薨之月，子产相郑伯以如晋。晋侯以我丧故，未之见也。子产使尽坏其馆之垣而纳车马焉。士文伯让之，曰：“敝邑以政刑之不修，寇盗充斥，无若诸侯之属辱在寡君者何，是以令吏人完客所馆，高其闬闳[1]，厚其墙垣，以无忧客使。今吾子坏之，虽从者能戒，其若异客何？以敝邑之为盟主，缮完葺墙，以待宾客；若皆毁之，其何以共命[2]？寡君使匄请命。”对曰：“以敝邑褊小，介于大国，诛求无时，是以不敢宁居，悉索敝赋，以来会时事。逢执事之不间，而未得见，又不获闻命，未知见时。不敢输币，亦不敢暴露。其输之，则君之府实也，非荐陈之，不敢输也。其暴露之，则恐燥湿之不时而朽蠹，以重敝邑之罪。侨闻文公之为盟主也：宫室卑庳[3]，无观台榭，以崇大诸侯之馆，馆如公寝；库厩缮修，司空以时平易道路，圬人以时塓馆宫室[4]；诸侯宾至，甸设庭燎[5]，仆人巡宫，车马有所，宾从有代，巾车脂辖[6]，隶人、牧、圉各瞻其事，百官之属各展其物；公不留宾，而亦无废事；忧乐同之，事则巡之；教其不知，而恤其不足。宾至如归，无宁灾患？不畏寇盗，而亦不患燥湿。今铜鞮之宫数里[7]，而诸侯舍于隶人；门不容车，而不可逾越；盗贼公行，而天疠不戒[8]；宾见无时，命不可知。若又勿坏，是无所藏币以重罪也。敢请执事：将何所命之？虽君之有鲁丧，亦敝邑之忧也。若获荐币，修垣而行，君之惠也，敢惮勤劳？”文伯复命，赵文子曰：“信。我实不德，而以隶人之垣以赢诸侯[9]，是吾罪也！”使士文伯谢不敏焉。

【注释】

〔1〕闬闳（hàn hóng）：门。

〔2〕共：通“供”。

〔3〕庳（bì）：意同“卑”。

〔4〕圬人：泥水匠。塓（mì）：抹墙。

〔5〕甸：官名，盖同《周礼》中的甸师。

〔6〕巾车：主管车乘之官。脂辖：给车轴上油。

〔7〕铜鞮之宫：晋离宫名，在今山西省沁县南。

〔8〕天疠：指水潦等天灾。

〔9〕赢：这里犹言接待。

【译文】

鲁襄公死的那一月，子产辅佐郑简公去晋国。晋平公因为鲁国有丧事的缘故，没有接见他们。子产让人把宾馆的围墙全部推倒让自己的车马进去。晋国的士文伯责怪他，说：“敝邑由于政事和刑罚没有治理好，盗贼充斥国内，无奈诸侯的下属辱临敝邑问候寡君，所以派官吏修缮宾馆，大门修得高高的，围墙筑得厚厚的，以使宾客无须担忧。现在您拆掉了它，尽管您的随从能够戒备，可是别的宾客怎么办呢？因为敝邑是盟主，故修缮围墙，以接待宾客；如果把它们都毁掉，那我们怎样供应宾客的需要呢？寡君派匄前来请教。”子产回答说：“因为敝邑狭小，处在大国之间，责备索求没有固定的时候，因此不敢安居，搜罗敝邑的全部财货，前来贵国朝会。正遇上执事没有空闲，没能见到，又没有接到命令，不知道会见的日期。我们不敢献上贡品，也不敢露天放着。如果呈献上去，这些都是君主府库中的财物，不经过

其次勾鑃　春秋后期打击乐器，通高51厘米，宽19.9厘米，重7千克。出土于浙江武康山。现藏于北京故宫博物院。

一定的荐陈仪式，不敢献纳。如果放在露天，又怕忽尔日晒忽尔雨淋而腐烂生虫，从而加重敝邑的罪过。我听说文公做盟主的时候：宫室低矮促狭，没有可供观赏的台榭，却把接待诸侯的馆舍修得又高又大，馆舍好像晋君的寝宫一样；馆内的仓库马房修缮完好，司空按时平整道路，泥水匠按时粉刷墙壁；诸侯的客人到达，甸师点起火把照亮院子，仆人巡视宾馆，车马有一定的处所安置，宾客的随从有专人代替，巾车为车轴上油，隶人、牧、圉各自照管分内的事，各主管部门的属官陈列出招待外宾的礼品；文公不让宾客逗留耽搁，但也没有因此而使公务荒废；同忧乐共患难，有灾兵之事则巡行视察以纾难；有不知道的事情就加以教导，有不足的地方就体谅宽宥。宾客来到好像回到家里一样，难道还会有什么灾祸吗？不怕抢劫偷盗，也不担心日晒雨淋。现在晋君铜鞮宫绵延数里，而诸侯的馆舍却像奴隶住的方；大门进不去车子，又无法翻墙而入；盗贼明目张胆肆意横行，而且雨潦也无法防备；接见宾客没有定时，召见外宾的命令也不知道什么时候发布。如果不推到围墙，就没有地方收藏贡赋而加重我们的罪过。谨敢请教执事：您对我们将有什么指示？虽然君主遇到了鲁国的丧事，但这也是敝邑的忧戚啊。如果能奉献贡赋，把围墙修好回国，这是君主的恩惠，哪里敢害怕辛勤和劳苦呢？”士文伯复命，赵文子说：“的确是这样。我们实在德行有缺，用奴隶似的住宅来招待诸侯，这是我们的罪过啊！”便派士文伯去承认自己不明事理。

【原文】

晋侯见郑伯，有加礼，厚其宴好而归之，乃筑诸侯之馆。叔向曰：“辞之不可以已也如是夫？子产有辞，诸侯赖之。若之何其释辞也？《诗》曰：‘辞之辑矣，民之协矣。辞之绎矣，民之莫矣[1]。’其知之矣！”……

子产之从政也，择能而使之：冯简子能断大事；子大叔美秀而文；公孙挥能知四国之为，而辨于其大夫之族姓、班位、贵贱、能否，而又善为辞令；裨谌能谋，谋于野则获，谋于邑则否。郑国将有诸侯之事，子产乃问四国之为于子羽，且使多为辞令；与裨谌乘以适野，使谋可否；而告冯简子，使断之；事成，乃授子大叔使行之，以应对宾客。是以鲜有败事，北宫文子所谓“有礼”也。

【注释】

〔1〕“辞之”四句：见《诗·大雅·板》。绎，通“怿”，喜悦。

【译文】

晋平公接见郑简公，礼节特别隆重，设盛宴并赠以丰厚的礼品，然后送他回去。于是晋国修筑接待诸侯的宾馆。叔向说：“辞令的不能废弃就像这样吧！子产善于辞令，诸侯因他而得利。为什么要放弃辞令呢？《诗》说：‘辞令和谐，百姓和顺。辞令动听，百姓安定。’子产懂得其中的道理啊！”……

子产执掌政事，选择贤能的人来任用：冯简子能决断大事；子太叔仪表风度美好而精通典籍；公孙挥了解各国诸侯的政令，同时对各国大夫家族姓氏、官职爵位、地位尊卑、才能大小都能明辨，并且又善于辞令；裨谌能出谋划策，但在野外策划就正确，在城里策划就失当。郑国将要与诸侯交涉，子产就向公孙挥询问四方诸侯的国内动向，而且让他妥善地准备好外交辞令；和裨谌一起乘车到郊外，让他考虑是否可行；再把考虑的结果告诉冯简子，让他决断；计划完成后，就交给子太叔让他执行，同宾客交往应对。因此很少把事情办坏。这就是北宫文子所说的“合于礼”。

【原文】

郑人游于乡校以论执政。然明谓子产曰：“毁乡校，何如？”子产曰：“何为？夫人朝夕退而游焉，以议执政之善否。其所善者，吾则行之；其所恶者，吾则改之：是吾师也，若之何毁之？我闻忠善以损怨，不闻作威以防怨。岂不遽止？然犹防川：大决所犯，伤人必多，吾不克救也。不如小决使道。不如吾闻而药之也。”然明曰：“蔑也今而后知吾子之信可事也。小人实不才。若果行此，其郑国实赖之，岂唯二三臣？”

仲尼闻是语也，曰：“以是观之，人谓子产不仁，吾不信也！”

【译文】

郑国人在乡校游乐，议论执政者的得失。然明对子产说："毁掉乡校，怎么样？"子产说："为什么要毁乡校？人们早晚做完事情到那里游乐，并议论执政者的得失。他们认为好的，我就推行它；他们讨厌的，我就改掉它。这是我的老师，为什么要毁掉它呢？我听说用忠善之行可以减少怨恨，没有听说用威势压人来防止怨恨。难道用强硬手段就能把众人的嘴巴立刻堵住？可是就像防止河水一样：冲开的大口子，伤人一定很多，我就无法挽救了。还不如开个小口子加以疏导。不如让我听到把它作为治病的药石。"然明说："我从今以后知道您确实可以成就大事了。小人实在没有才能。如果真这样做下去，整个郑国都会有利，岂只是几位大臣呢？"

孔子听到这些话，说："从这事看来，有人说子产不仁，我不相信啊！"

【原文】

子皮欲使尹何为邑，子产曰："少，未知可否。"子皮曰："愿[1]。吾爱之，不吾叛也。使夫往而学焉，夫亦愈知治矣。"子产曰："不可！人之爱人，求利之也。今吾子爱人则以政，犹未能操刀而使割也，其伤实多。子之爱人，伤之而已，其谁敢求爱于子？子于郑国，栋也。栋折榱崩[2]，侨将厌焉[3]，敢不尽言？子有美锦，不使人学制焉。大官、大邑，身之所庇也，而使学者制焉，其为美锦不亦多乎？侨闻学而后入政，未闻以政学者也。若果行此，必有所害。譬如田猎，射御贯则能获禽，若未尝登车射御，则败绩厌覆是惧，何暇思获？"子皮曰："善哉！虎不敏。吾闻君子务知大者远者，小人务知小者近者。我小人也。衣服附在吾身，我知而慎之；大官、大邑所以庇身也，我远而慢之。微子之言[4]，吾不知也。他日我曰：子为郑国，我为吾家以庇焉，其可也。今而后知不足。自今请虽吾家，听子而行。"子产曰："人心之不同，如其面焉。吾岂敢谓子面如吾面乎？抑心所谓危，亦以告也。"子皮以为忠，故委政焉，子产是以能为郑国。

（以上襄公三十一年）

【注释】

〔1〕愿：忠厚。

〔2〕榱(cuī)：屋椽、屋桷的总称。

〔3〕厌：通“压”。

〔4〕微：无。

梁伯戈　春秋前期兵器，通高 17.5 厘米，宽 9.4 厘米，重 0.28 千克。

【译文】

子皮想以尹何做宰邑，子产说：“太年轻，不知道行不行。”子皮说：“他为人忠厚。我喜欢他，不会背叛我的。让他到那里去学习，他就进一步懂得治理封邑了。”子产说：“不行！别人喜欢一个人，总是考虑对那个人有利。现在您喜欢一个人却将政事交给他，就像一个人还不会拿刀子却让他去切东西，那对他的伤害一定会很多的。您喜欢一个人，不过是伤害他罢了，那谁还敢求取您的喜欢呢？您在郑国，好比栋梁，栋梁折断，椽子会崩塌，我将会被压在底下，怎么敢不把话全部说完？您有美丽的织锦，是不会让别人拿来学习裁剪的。重要的官职、大的封邑，是自身赖以庇护的东西，反而让人学习着治理，它与美丽的织锦比不是重要得多吗？我听说学习以后才参与政务，没有听说通过做官来学习的。如果这样做，必定有害处。好比打猎，射箭驾车熟练，就能获取禽兽，如果没有驾过车射过箭，那么一心害怕车辆翻覆人被辗压，哪里有空想着猎取野物呢？”子皮说：“好啊！我真是不聪明。我听说君子专力从事了解大的、远的事情，小人专力从事了解小的、近的事情。我是小人啊。衣服穿在我身上，我知道慎重地对待它；重要官职和大的封邑是用来庇护自身的，我反而疏忽而轻视它。没有您的这番话，我还不知道其中的道理呢。从前我说过，您治理郑国，我治理我的家族以庇护我自己，这就可以了。从今以后我才知道不够。从现在起我请求，即使是我家族的事情，也听凭您的意见去做。”子产说：“人心不相同，好像人的面孔一样。我哪里敢说您的面孔像我的面孔呢？不过心里觉得这样做危险，就告诉您了。”子皮认为子产忠诚，所以把政事全部托付给他，子产因此能够治理郑国。

……

【原文】

郑子产有疾，谓子太叔曰：“我死，子必为政。唯有德者能以宽服民，其次莫如猛。夫火烈，民望而畏之，故鲜死焉；水懦弱，民狎而玩之，则多死焉，故宽难。”疾数月而卒。

太叔为政，不忍猛而宽。郑国多盗，取人于萑苻之泽。太叔悔之，曰：“吾早从夫子，不及此。”兴徒兵以攻萑苻之盗，尽杀之，盗少止。

【译文】

郑国的子产有病，对子太叔说：“我死以后，您必定执政。只有有德行的人能够用宽大来使百姓服从，其次就莫如严厉。火势猛烈，百姓看着就害怕，所以很少有人死于火。水性懦弱，百姓轻慢并玩弄它，很多人就死在水中。所以宽大不容易。”子产病了几个月后死去了。

子太叔执政，不忍心严厉而奉行宽大政策。郑国盗贼很多，聚集在芦苇塘里。太叔后悔，说：“我早点听从他老人家的话，就不至于到这一步。”发动士兵攻打芦苇塘里的盗贼，全部杀死他们，盗贼稍稍收敛。

【原文】

仲尼曰：“善哉！政宽则民慢，慢则纠之以猛；猛则民残，残则施之以宽。宽以济猛，猛以济宽，政是以和。《诗》曰：“民亦劳止，汔小康，惠此中国，以绥四方[1]。’施之以宽也。‘毋从诡随，以谨无良；式遏寇虐，惨不畏明。’纠之以猛也。‘柔远能尔，以定我王。’平之以和也。又曰：‘不竞不絿，不刚不柔，布政优优，百禄是遒[2]，’和之至也。”

及子产卒，仲尼闻之出涕曰：“古之遗爱也。”

（以上昭公二十年）

【注释】

〔1〕诗见《诗经·大雅·民劳》。止，语词。汔，庶几，差不多。民也太劳苦了，该让他们稍享安乐，施惠中原之民，安抚四方各国。

〔2〕诗见《诗经·商颂·长发》。竞，强也。絿，亦作“求”解。求人者迎合于人，故此解为迎合。意为不逞强不迎合，不刚猛不柔弱，推行政令从容宽和，各种福禄由是而聚。

【译文】

孔子说：“好啊！政事宽大百姓就怠慢，怠慢就用严厉来纠正，严厉百姓就受到伤害，伤害就实施宽大。用宽大调节严厉，用严厉调节宽大，政事因此调和。《诗》说：‘百姓已很辛劳，差不多可以稍稍安康。赐恩给中原各国，用以安定四方’，这是实施宽大。‘不要放纵随声附和的人，以约束不良之人。应当制止侵夺残暴的人，他们从来不怕法度’，这是用和平来使国家平静。又说，‘不急不缓，不刚不柔。施政从容不迫，百种福禄临头’，这是和谐的顶点。”

等到子产死去，孔子听到消息，流着眼泪说：“他的仁爱，是古人流传下来的遗风啊。”

晏婴叔向论齐晋季世

【原文】

齐侯使晏婴请继室于晋。……

既成昏[1]，晏子受礼，叔向从之归，相与语。叔向曰：“齐其何如？”晏子曰：“此季世也，吾弗知齐其为陈氏矣。公弃其民，而归于陈氏。齐旧四量：豆、区、釜、钟。四升为豆，各自其四，以登于釜；釜十则钟。陈我三量皆登一焉[2]，钟乃大矣。以家量贷，而以公量收之。山木如市，弗加于山；鱼盐蜃蛤，弗加于海。民参其力[3]，二入于公，而衣食其一。公聚朽蠹，而三老冻馁[4]；国之诸市，屦贱踊贵[5]。民人痛疾，而或燠休之[6]，其爱之如父母，而归之如流水：欲无获民，将焉辟之[7]？箕伯、直柄、虞遂、伯戏[8]，其相胡公、大姬已在齐矣[9]！”

叔向曰：“然。虽吾公室，今亦季世也。戎马不驾，卿无军行，公乘无人，卒列无长。庶民罢敝[10]，而宫室滋侈；道殣相望，而女富溢尤[11]。民闻公命，如逃寇雠。栾、郤、胥、原、狐、续、庆、伯降在皂隶[12]，政在家门，民无所依。君日不悛，以乐慆忧。公室之卑，其何日之有？谗鼎之铭曰[13]：‘昧旦丕显，后世犹怠[14]。’况日不悛，其能久乎？”晏子曰：“子将若何？”叔向曰：“晋之公族尽矣。肸闻之：公室将卑，其宗族枝叶先落，则公从之。肸之宗十一族，唯羊舌氏在而已。肸又无子；公室无度，幸而得死，岂其获祀？”

【注释】

〔1〕昏：通“婚”。

〔2〕登一：加一，即由四进制改为五进制。

〔3〕参：通“叁”。

〔4〕三老：老年而致仕者。

〔5〕踊：受刖刑人所装假肢。

〔6〕燠：厚。休：赐。

〔7〕辟：通“避”。

〔8〕箕伯、直柄、虞遂、伯戏：四人皆舜的后代，陈氏祖先。

〔9〕胡公、大姬：胡公为上述所言四人后代，陈始封之君，大姬为其妃。

〔10〕罢，通“疲”。

〔11〕女：宠嬖之家。

〔12〕“栾、郤”句：句中所言八家皆晋国旧贵族。

〔13〕谗鼎：鼎名，杨伯峻以为当作“鬻鼎”。

〔14〕丕：大。

【译文】

齐景公派晏婴请求再嫁一个女子给晋国……

订婚以后，晏子接受宴享宾客之礼，叔向随从他饮宴，互相谈话。叔向说：“齐国将会怎么样？”晏子说：“这是末代了，我不知其他，只知齐国大概要为陈氏所有了。国君抛弃他的百姓，让他们归向陈氏。齐国本来有四种量器：豆、区、釜、钟。四升为一豆，各自再用它们的四倍，最后成为一釜；十釜就是一钟。陈氏有三种量器，他们的豆、区、釜都加大一成，钟的量就大了。他用私家的大量器借出去，却用公家的小量器收回来。山上的木材运到市场，价钱不比山上高；鱼盐蜃蛤运到市场，价钱不比海边高。百姓的人力财力一分为三，两份归于公室，只有一份用来维持生计。公室的积蓄腐烂生虫，而三老却挨冻受饿；国都的各个市场，鞋子贱而踊贵。百姓有痛苦疾病，陈氏去安抚慰问；他们爱护百姓如同父母，百姓归附他好像流水：想要不得到百姓，哪里能避开呢？箕伯、直柄、虞遂、伯戏，他们的神灵跟随胡公、太

蟠螭纹豆　战国前期，通高27.8厘米，宽26厘米，腹径24.4厘米，重3.4千克。

姬已经早在齐国了！”

叔向说：“是的。即使是我们公室，现在也是末代了。战马不驾战车，卿不统领军队，公的战车没有御手和车右，步兵的行列没有得力的长官。百姓困倦疲病，而宫室却更加奢侈；饿死在路上的人一个接一个可以看得见，而宠嬖之家却更加富足。百姓听到公室的命令，好像逃避仇敌一样。栾、郤、胥、原、狐、续、庆、伯八大氏族地位下降与贱吏同列，政事在大夫手中，百姓无所依靠。国君一天天不肯改悔，用淫乐来逃避忧患。公室的卑微还能有几天？谗鼎上的铭文说：‘黎明即起勤于政事功业显赫，子孙后代还会懈怠。’何况天天都不肯悔改，难道能够长久吗？”晏子说：“您打算怎么办？”叔向说：“晋国的公族凋零殆尽了。我听说这样的话：公室将要卑微，它的宗族像树枝树叶一样先凋落，那么公室就跟着零落了。我这一宗共十一族，只有羊舌氏还存在罢了。我又没有有才干的儿子；公室没有法度，能得到善终就算万幸，难道还能得到祭祀吗？”

伍员奔吴

【原文】

楚子之在蔡也，郹阳封人之女奔之[1]，生太子建。及即位，使伍奢为之师，费无极为少师，无宠焉，欲谮诸王，曰：“建可室矣。”王为之聘于秦，无极与逆，劝王取之。正月，楚夫人嬴氏至自秦。……

楚子为舟师以伐濮。费无极言于楚子曰：“晋之伯也，迩于诸夏，而楚辟陋，故弗能与争。若大城城父[2]，而置太子焉，以通北方，王收南方，是得天下也。”王说，从之，故太子建居于城父。

（以上昭公十九年）

【注释】

〔1〕郹阳：蔡邑，当在今河南省新郑县境内。

〔2〕城父：同此名者有二，此为楚城父，在今河南省宝丰县东四十里。

【译文】

楚平王在蔡国的时候，郹阳封人的女儿私奔到他那里，生了太子建。等楚平王即位，派伍奢做太子的师傅，费无极做少师。费无极不受宠信，要向楚平王诬陷太子以求得宠信，说：“建可以娶妻子。”楚平王为太子在秦国行聘，费无极参加迎娶，劝楚平王自己娶这个女子。正月，楚夫人嬴氏从秦国来到。……

吴王光鉴　春秋晚期吴国水器，因为作者为吴王光（阖庐）故名。1955 年出土于安徽寿县蔡侯墓，高 35 厘米，口径 59 厘米。现藏于中国国家博物馆。

楚平王发动水军以攻打濮地。费无极对楚平王说：“晋国称霸诸侯的时候，接近中原诸国，而楚国仿人僻简陋，所以不能和它争夺。如果扩大城父的城墙，而把太子安置在那里，用来和北方交通，君王收取南方，这是得到天下的好办法。”楚平王很高兴，听从了他的话，所以太子建住在城父……

【原文】

费无极言于楚子曰：“建与伍奢将以方城之外叛，自以为犹宋、郑也，齐、晋又交辅之，将以害楚，其事集矣。”王信之，问伍奢，伍奢对曰：“君一过多矣，何信于谗？”王执伍奢，使城父司马奋扬杀太子，未至，而使遣之。三月，太子建奔宋。王召奋扬，奋扬使城父人执己以至。王曰：“言出于余口，入于尔耳，谁告建也？”对曰：“臣告之。君王命臣曰：‘事建如事余。’臣不佞，不能苟贰。奉初以还，不忍后命，故遣之。既而悔之，亦无及已。”王曰：“而敢来，何也？”对曰：“使而失命，召而不来，是再奸也。逃无所入。”王曰：“归，从政如他日。”

【译文】

费无极对楚平王说：“太子建和伍奢打算领着方城山外的人背叛，自以为如同宋国、郑国一样，齐国、晋国又一起辅助他们，将会危害楚国，这事情快成功了。”楚平王相信了这些话，质问伍奢，伍奢回答说：“君王有一次过错已经很严重了，为什么还听信诬陷？”楚平王逮捕了伍奢，派城父司马奋扬去杀太子。奋扬没有到达，派人通知太子逃走。三月，太子建逃亡到宋国。楚平王召回奋扬，奋扬让城父大夫逮捕自己回到郢都。楚平王说：

"话从我的嘴里说出去，进到你的耳朵里，是谁告诉建的？"奋扬回答说："下臣告诉他的。君王命令我说：'侍奉建要像侍奉我一样。'下臣不才，不能有贰心。奉了起初的命令去对待太子，就不忍心执行您后来的命令。所以要他逃走了。不久我后悔，也来不及了。"楚平王说："你敢回来，为什么？"奋扬回答说："被派遣而没有完成使命，召见我又不回来，这是再次违背命令，逃走也没有地方可去。"楚平王说："回城父去吧！"奋扬还像过去一样做官。

【原文】

无极曰："奢之子材，若在吴，必忧楚国，盍以免其父召之。彼仁，必来。不然，将为患。"王使召之，曰："来，吾免而父。"棠君尚谓其弟员曰："尔适吴，我将归死。吾知不逮，我能死，尔能报。闻免父之命，不可以莫之奔也；亲戚为戮，不可以莫之报也。奔死免父，孝也；度功而行，仁也；择任而往，知也；知死不辟，勇也。父不可弃，名不可废，尔其勉之！相从为愈。"伍尚归。奢闻员不来，曰："楚君、大夫其旰食首！"楚人皆杀之。

员如吴，言伐楚之利于州于。公子光曰："是宗为戮，而欲反其仇，不可从也。"员曰："彼将有他志，余姑为之求士，而鄙以待之。"乃见鱄设诸焉，而耕于鄙。

（以上昭公二十年）

【译文】

费无极说："伍奢的儿子有才能，如果在吴国，一定要使楚国担忧，何不用赦免他们父亲的办法召回他们。他们仁爱，一定回来。不这样，将要成为祸患。"楚平王派人召回他们，说："回来，我赦免你们的父亲。"棠邑大夫伍尚对他们的兄弟员说："你去到吴国，我打算回去死。我的才智不如你，我能够死，你能够报仇。听到赦免父亲的命令，不能不奔走回去。亲人被杀戮，不能不报仇。奔走回去使父亲赦免，这是孝。估计功效而后行动，这是仁。选择任务而前去，这是智。明知要死而不躲避，这是勇。父亲不能丢掉，名誉不能废弃，你还是努力吧！各人不要勉强为好。"伍奢听说伍员不来，说："楚国的国君、大夫恐怕不能准时吃饭了。"楚国人把他们都杀了。

伍员去到吴国，向州于说明攻打楚国的利益。公子光说：“是这个家族被杀戮而想要报私仇，不能听他的。”伍员说：“他将要有别的念头，我姑且为他寻求勇士，而在郊外等着他。”于是就推荐了鱄设诸，自己在边境上种地。

晏婴论“和”与“同”

【原文】

齐侯至自田，晏子侍于遄台[1]，子犹驰而造焉。公曰：“唯据与我和夫！”晏子对曰：“据亦同也，焉得为和？”公曰：“和与同异乎？”对曰：“异，和如羹焉，水、火、醯、醢、盐、梅，以烹鱼肉，燀之以薪，宰夫和之，齐之以味，济其不及，以泄其过。君子食之，以平其心。君臣亦然。君所谓可而有否焉，臣献其否以成其可，君所谓否而有可焉，臣献其可以去其否，是以政平而不干，民无争心。故《诗》曰：‘亦有和羹，既戒既平。鬷嘏无言，时靡有争[2]。’先王之济五味，和五声也，以平其心，成其政也。声亦如味，一气[3]，二体[4]，三类[5]，四物[6]，五声[7]，六律[8]，七音[9]，八风[10]，九歌[11]，以相成也；清浊、小大、短长、疾徐、哀乐、刚柔、迟速、高下、出入、周疏，以相济也。君子听之，以平其心。心平，德和。故《诗》曰：‘德音不瑕。’今据不然，君所谓可，据亦曰可。君所谓否，据亦曰否。若以水济水，谁能食之？若琴瑟之专壹，谁能听之？同之不可也如是。”

【注释】

〔1〕遄台：台名，在临淄附近。

〔2〕见《诗经·商颂·烈祖》。戒，作备解。鬷同“奏”，进也；嘏今作“假”。亦有调好之羹汤，既齐备又滋味适中，进献给来享之鬼神就能不受责，此时上下皆能和好无争。

〔3〕一气：声音由气动而发生。

〔4〕二体：乐声发出则伴有乐舞，舞有文舞，执羽籥，武舞执干戚，称二体。又说乐有阴阳刚柔二体。

〔5〕三类：指诗之风、雅、颂。

〔6〕四物：乐器由金石丝竹匏土革木制成，这些为四方所产，非出一地，故称四物。

〔7〕五声：宫、商、角、徵、羽。

〔8〕六律：黄钟、太蔟、姑洗、蕤宾、夷则、无射六阳声为六律，六阴声为六吕。

〔9〕七音：五音外加变宫、变徵二音。

〔10〕八风：八方之风。

〔11〕九歌：六府三事为九功，歌颂九功为九歌。六府为水木火金土谷，三事为正德、利用、厚生。

【译文】

齐景公从打猎的地方回来，晏子在遄台侍候，梁丘据驱车来到。齐景公说："唯有据跟我和谐啊！"晏子回答说："据也只不过相同而已，哪里说得上和谐？"齐景公说："和谐跟相同不一样吗？"晏子回答说："不一样。和谐好像做羹汤，用水、火、醋、酱、盐、梅来烹调鱼和肉，用柴禾烧煮，厨工加以调和，使味道适中，味道太淡就增加调料，味道太浓就加冲淡。君子喝汤，内心平静。君臣之间也是这样。国君所认为行而其中有不行的，臣下指出它行的，臣下指出它的不行的而使行的部分更加完备。国君所以为不行而其中有行的，臣下指出它的行的部分去掉它的不行。因此政事平和而不违背礼仪，百姓没有争夺之心。所以《诗说》说：'有着调和的羹汤，已经告诫厨工把味道调得匀净。神灵来享而无所指责，上下也都没有争竞。'先王调匀五味、谐和五声，是用来平静他的内心，完成政事的。声音也像味道一样，是由一气、二体、三类、四物、五声、六律、七音、八风、九歌互相组成的。是由清浊、大小、短长、缓急、哀乐、刚柔、快慢、高低、出入、疏密互相调节的。君子听了，内心平静。内心平静，德行就和协。所以《诗》说：'德音没有缺失。'现在据不是这样。国君认为行的，据也认为行。国君认为不行的，据也认为不行。如同用清水去调剂清水，谁能吃它呢？如同琴瑟老弹一个音调，谁去听它呢？不应该相同的道理就像这样。"

曾侯乙编钟　战国早期打击乐器，1978年出土于湖北省随县擂鼓墩曾侯乙墓。总计64件，其中钮钟19件，甬钟45件，另有楚惠王五十六年（前433）刻镈钟1件，全重2500千克。现藏湖北省博物馆。

鲊设诸刺吴王僚

【原文】

吴子欲因楚丧而伐之，使公子掩馀、公子烛庸帅师围潜〔1〕。使延州来季子聘于上国〔2〕，遂聘于晋，以观诸侯。……吴公子光曰："此时也，弗可失也！"告鲊设诸曰："上国有言曰：'不索，何获？'我，王嗣也。吾欲求之。事若克，季子虽至，不吾废也。"鲊设诸曰："王可弑也。母老子弱，是无若我何？"光曰："我，尔身也。"

夏四月，光伏甲于堀室而享王〔3〕。王使甲坐于道，及其门。门阶户席皆王亲也，夹之以铍〔4〕。羞者献体改服于门外。执羞者坐行而入〔5〕，执铍者夹承之，及体以相授也。光伪足疾，入于堀室。鲊设诸置剑于鱼中以进，抽剑刺王，铍交于胸，遂弑王。阖庐以其子为卿。

【注释】

〔1〕潜：在今安徽省霍山县东北。

〔2〕上国：吴称中原诸国为上国。

〔3〕堀室：地下室。

〔4〕铍：兵器的一种，双刃，与剑相似。

〔5〕坐行：跪在地上以双膝而行。

【译文】

吴王僚想借楚国有丧事进攻它，派公子掩馀、公子烛庸率师包围潜地。派延州来季子到中原各国聘问，到晋国聘问，以观察诸侯。……吴国公子光说："这是时机啊，不可以失去！"告诉鲊设诸说："中原国家有这样的话：'不去索取，哪能得到？'我，是王位的继承人。我想要得到它。事情如果成功，季子即使回来，

十七年相邦春平侯铍　战国后期，长33.2厘米，宽3.4厘米，重0.31千克。铸有铭文：十七年相邦春平侯，邦左伐器工師長雚，冶汏執劑，大攻(工)尹韓。

也不能废弃我。”鱄设诸说：“君王是可以杀掉的。但我母亲年迈，儿子年幼，这让我怎么办？”公子光说：“我，就是你。”

夏季四月，公子光在地下室埋伏甲士而设宴款待吴王。吴王派甲士坐在道路两旁，一直到大门口。大门、台阶、户内、席上都是吴王的亲兵，手持铍守卫在吴王两边。进献食物的人在门外脱光衣服改穿别的衣服。端食物的人跪着膝行而入，持铍的人两边夹行接他过去，铍尖抵着进食者的身体，然后把食物递给吴王。公子光假装脚有病痛，进入地下室。鱄设诸把剑放在鱼肚子里然后进入宴庭，抽出剑猛刺吴王，铍尖交叉刺进了鱄设诸的胸膛，在这种情况下杀死了吴王。阖庐让鱄设诸的儿子做了卿。

申包胥如秦乞师

【原文】

初，伍员与申包胥友。其亡也，谓申包胥曰：“我必复楚国。”申包胥曰：“勉之！子能复之，我必能兴之。”及昭王在随，申包胥如秦乞师，曰：“吴为封豕、长蛇[1]，以荐食上国。虐始于楚。寡君失守社稷，越在草莽，使下臣告急，曰：‘夷德无厌，若邻于君，疆埸之患也。逮吴之未定，君其取分焉。若楚之遂亡，君之土也。若以君灵抚之，世以事君。’”秦伯使辞焉，曰：“寡人闻命矣。子姑就馆，将图而告。”对曰：“寡君越在草莽，未获所伏，下臣何敢即安？”立，依于庭墙而哭，日夜不绝声，勺饮不入口七日。秦哀公为之赋《无衣》，九顿首而坐。秦师乃出。

【注释】

〔1〕封豕、长蛇：又作“封豨豕修蛇”，即大蟒蛇。大蟒蛇，传说为古代为害于民之怪物。

【译文】

当初，伍员和申包胥是朋友。伍员逃亡的时候，对申包胥说：“我一定要颠覆楚国。”申包胥说：“尽力干吧！您能颠覆楚国，我一定能复兴楚国。”等到楚昭王在随国避难，申包胥就到秦国去请求出兵，说：“吴国就是大猪、长蛇，一再吞食中原国家，为害从楚国开始。寡君失守国家，远在杂草丛林之中，使下臣报告急难，说：‘夷人的本性是贪得无厌，如果吴国成为君王的邻国，这是边境的祸患。乘着吴国没有安定下来，君王可仰仗君王的威福派兵镇抚楚国，楚国将世世代代侍奉君王。’”秦哀公辞谢申包胥，说：“我知道您的意见了，您姑且到宾馆休息，我们要商量一下再答复您。”申包胥回答说：“寡君逃亡到杂草丛林之中，还没有得到安身的地方，下臣哪敢去休息呢？”申包胥靠着院墙站着号啕大哭，日夜哭声不断，七天不喝一口水。秦哀公大为感动，赋了《无衣》这首诗。申包胥叩头九次，然后坐下。秦军于是出动。

蟠虺纹镈　春秋后期，通高108厘米，宽93.5厘米，重13.9千克。

齐鲁夹谷之会

【原文】

十年春，及齐平。

夏，公会齐侯于祝其，实夹谷，孔丘相。犁弥言于齐侯曰：“孔丘知礼而无勇，若使莱人以兵劫鲁侯[1]，必得志焉。”齐侯从之。孔丘以公退，曰：“士兵之！两君合好，而裔夷之俘以兵乱之，非齐君所以命诸侯也。裔不谋夏，夷不乱华，俘不干盟，兵不逼好，于神为不祥，于德为愆义，于人为失礼，君必不然。”齐侯闻之，遽辟之。

将盟，齐人加于载书曰：“齐师出竟而不以甲车三百乘从我者，有如此盟！”孔丘使兹无还揖对，曰：“而不反我汶阳之田，吾以共命者，亦如之。”

齐侯将享公。孔丘谓梁丘据曰：“齐、鲁之故，吾子何不闻焉？事既成矣，而又享之，是勤执事也。且牺、象不出门[2]，嘉乐不野合[3]。飨而既具，是弃礼也。若其不具，用秕稗也[4]。用秕稗，君辱，弃礼，名恶，子盍图之！夫享，所以昭德也。不昭，不如其已也。”乃不果享。

齐人来归郓、讙、龟阴之田。

【注释】

〔1〕莱：东方小国，姜姓，在今山东省黄县。

〔2〕牺、象：为贵重酒器，其形如牛如象，盛大宴会时所用之器。

〔3〕嘉乐不野合：钟磬之类乐器不在野外合奏。

〔4〕秕稗：秕为谷物不成者，稗为稗草种子。用秕稗是比喻享礼而不尽备牺象嘉乐，如用秕稗冒充嘉谷。

【译文】

十年春季，鲁国和齐国讲和。

夏季，鲁定公在祝其会见齐景公，祝其也就是夹谷。孔丘相礼。犁弥对齐景公说：“孔丘懂得礼而缺乏勇，如果派莱地人用武力劫持鲁侯，一定可以如愿以偿。”齐景公听从了。孔丘领着定公退出，说：“士兵拿起武器攻上去！两国的国君会见友好，而边远的东夷俘虏用武力来捣乱。边远不能图谋中原，东夷不能搅乱华人，俘虏不能侵犯盟会，武力不能逼迫友好，这些对于神明来说是大不吉祥的，对于德行来说是丧失道义的，对于人们来说是丢弃礼仪的，君王必定不会这样做。”齐景公听了以后，很快就让莱地人避开。

孔子　名丘（前551－前479），字仲尼。春秋末期思想家、教育家，儒家学派创始人。

将要盟誓，齐国人在盟书上加上一句话说：“如果齐军出境，而鲁国不派三百辆甲车跟随他们的话，有盟誓为证！”孔丘让兹无还作揖回答说：“你们不归还我们汶阳的土田，让我们用来供应齐国的需要，也有盟誓为证！”

齐景公准备设享礼招待定公。孔丘对梁丘据说：“齐国、鲁国旧有的典礼，您为什么没有听说过呢？事情已经完成了，而又设享礼，这是徒然烦劳执事。而且牺尊、象尊不出国门，钟磬不在野外合奏。设享礼而全部具备这些东西，这是不合礼法。如果不具备，那就像秕子稗子一样轻微而不郑重。像秕子稗子一样，这是君王的耻辱。不合礼法，就名声不好，您何不考虑一下呢！享礼，是用来宣扬德行的。不能宣扬，不如不用。”于是终于没有设享礼。

齐国人前来归还郓地、讙地、龟阴的土田。

伍员谏许越平

【原文】

吴王夫差败越于夫椒[1]，报檇李也。遂入越。越子以甲楯五千保于会稽[2]，使大夫种因吴太宰嚭以行成。吴子将许之，伍员曰："不可。臣闻之'树德莫如滋[3]，去疾莫如尽。'昔有过浇杀斟灌以伐斟鄩，灭夏后相，后缗方娠，逃出自窦，归于有仍[4]，生少康焉。为仍牧正[5]，惎浇能戒之[6]。浇使椒求之，逃奔有虞，为之庖正[7]，以除其害。虞思于是妻之以二姚，而邑诸纶，有田一成，有众一旅。能布其德，而兆其谋，以收夏众，抚其官职，使女艾谍浇，使季杼诱豷。遂灭过、戈，复禹之绩，祀夏配天，不失旧物。今吴不如过，而越大于少康，或将丰之，不亦难乎！句践能亲而务施，施不失人，亲不弃劳。与我同壤，而世为仇雠，于是乎克而弗取，将又存之，违天而长寇雠，后虽悔之，不可食已。姬之衰也，日可俟也。介在蛮夷，而长寇雠，以是求伯，必不行矣。"弗听。退而告人曰："越十年生聚，而十年教训，二十年之外，吴其为沼乎！"三月，越及吴平。

【注释】

〔1〕夫椒：越地，在今浙江省绍兴县北。

〔2〕会稽：指会稽山，在今浙江省绍兴县东南十二里。

〔3〕滋：培植。

〔4〕有仍：部落名，为后缗之娘家。

〔5〕牧正：管理畜牧之官员。

〔6〕惎：忌恨，怨恨。

〔7〕庖正：掌管君主宫廷饮食之官。

吴王夫差矛　春秋吴国兵器，1983年出土于湖北省江陵县楚墓。通长29.5厘米。铸有铭文：吴王夫差自作用鉈。现藏于湖北省博物馆。

【译文】

吴王夫差在夫椒打败越军，报了在槜李之役失败之仇，接着就乘势进入越国。越王带着披甲持盾的士兵五千人踞守在会稽山，派大夫种通过吴国太宰嚭向吴国求和。吴王打算答应。伍员说："不行。下臣听说：'建树德行最好不断培植，除去毒害最好扫除干净。'从前有过国的国君浇杀了斟灌而攻打斟鄩，灭了夏后相，后缗正怀着孕，从城墙的小洞里逃出去，回到娘家有仍国，生了少康。少康后来在有仍做了管理畜牧的牧正，对浇满怀仇恨而能警惕戒备。浇派椒寻找少康。少康逃奔到有虞国，做了那里掌管庖厨的庖正官，才逃避了浇的杀害。虞思因此把两个女儿嫁给了他，封他在纶邑，拥有方圆十里的土田，有五百人的兵力，能广施恩德，并开始实施复国计划。他收集夏朝的余部，安抚他的官员，派遣女艾到浇那里去做间谍，派季杼去引诱浇其弟弟豷。这样就灭亡了过国、戈国，复兴了禹的事业。少康奉祀夏朝的祖先同时祭祀天帝，维护了原有的天下。现在吴国不如过国，而越国大于少康，上天也许将会使越国壮大，如果允许讲和，不也很难了吗？勾践能亲近别人而致力于施舍，对应该施舍的人就加以施舍，对有功劳的人从不抛弃而加以亲近。越国和我国土地相连，而又世世代代是仇敌。在这种情况下如果我们战胜越国而不灭亡它，打算又让它存在下去，这是违背上天而去助长仇敌，以后即使懊悔，也吃不消。姬姓的衰微，指日可待。我国介于蛮夷之间，而还去助长仇敌的发展，用此来求取霸业，必然是行不通的。"吴王夫差不听。伍员退下去告诉别人说："越国用十年时间繁衍积聚，用十年时间教育训练，二十年以后，吴国的宫殿恐怕要成为池沼了。"三月，越国和吴国讲和。

楚白公之乱

【原文】

楚太子建之遇谗也，自城父奔宋，又辟华氏之乱于郑。郑人甚善之。又适晋，与晋人谋袭郑，乃求复焉，郑人复之如初。晋人使谍于子木，请行而期焉。子木暴虐于其私邑，邑人诉之。郑人省之，得晋谍焉，遂杀子木。

【译文】

楚国太子建遭到诬陷的时候，从城父逃亡到宋国，又去郑国躲避宋国华氏之乱。郑国人待他很好。又去到晋国，和晋国人策划袭击郑国，为此就要求再回到郑国去。郑国人待他像以前一样。晋国人派间谍和太子建联系，事情完了准备回晋国，同时约定袭击郑国的日期。太子建在他的封邑里大肆暴虐，封邑的人告发他。郑国人来查问，发现了晋国的间谍，于是就杀死了太子建。

兽形匜　通高22.3厘米，宽42.7厘米，重4.88千克。

【原文】

其子曰胜，在吴，子西欲召之。叶公曰：“吾闻胜也诈而乱，无乃害乎？”子西曰：“吾闻胜也信而勇，不为不利，舍诸边竟，使卫藩焉。”叶公曰：“周仁之谓信，率义之谓勇。吾闻胜也好复言，而求死士，殆有私乎！复言，非信也；期死，非勇也。子必悔之。”弗从。召之，使处吴竟，为白公。

【译文】

太子建的儿子名叫胜，在吴国，子西想找他来。叶公说：“我听说胜这个人狡诈而好作乱，未免有祸害吧！”子西说：“我听说胜这个人诚实而勇敢，不做没有利的事情。把他安置在边境上，让他保卫边疆。”叶公说：“符合仁爱叫作诚信，遵循道义叫作勇敢。我听说胜这个人务求实践诺言，而又遍求不怕死的人，大约是有私心吧！不管什么话都要实践，这不是诚信，不管什么事情都不怕死，这不是勇敢。您一定会后悔的。”子西不听，把胜召回来，让他住在和吴国接壤的地方，号为白公。

【原文】

请伐郑，子西曰：“楚未节也[1]，不然，吾不忘也。”

他日之请，许之，未起师。晋人伐郑，楚救之，与之盟。胜怒，曰："郑人在此，雠不远矣。"

【注释】

〔1〕未节：言楚国新复，还未恢复正常秩序。

【译文】

胜请求进攻郑国，子西说："楚国一切政事还没纳入正常轨道。不是这样，我是不会忘记的。"过了些时候，胜又请求，子西同意了。还没有出兵，晋国攻打郑国，楚国却救援郑国，并和郑国结盟。白公胜发怒，说："郑国人在这里，仇人不在远处了。"

【原文】

胜自厉剑，子期之子平见之，曰："王孙何自厉也？"曰："胜以直闻，不告汝，庸为直乎？将以杀尔父。"平以告子西。子西曰："胜如卵，余翼而长之。楚国第，我死，令尹、司马非胜而谁？"

胜闻之，曰："令尹之狂也，得死，乃非我。"子西不悛[1]。胜谓石乞曰："王与二卿士皆五百人当之，则可矣。"乞曰："不可得也。"曰："市南有熊宜僚者，若得之，可以当五百人矣。"乃从白公而见之，与之言，说。告之故，辞。承之以剑，不动。胜曰："不为利谄，不为威惕，不泄人言以求媚者，去之。"

【注释】

〔1〕悛：改。

【译文】

白公胜亲自磨剑，子期的儿子平见到，说："您为什么亲自磨剑呢？"他说："胜是以爽直著称的，不告诉您，哪里能算得上直爽呢？我要杀死你父亲。"平把这些话报告子西。子西说："胜就像鸟蛋，

青玉高足杯　秦，饮酒或饮水器。1976年9月出土于陕西省西安市未央区本刘村秦阿房宫遗址。杯高14.5厘米，口杯6.4厘米，足径4.5厘米。现藏西安市文物保护考古所。

在我覆翼而长大的。在楚国，只要我死了，令尹、司马，不归于胜还归于谁？”胜听了子西的话，说：“令尹真狂妄啊！他要得到好死，我就不是我。”子西还是没有觉察。

胜对石乞说：“君王和两位卿士，一共用五百个人对付，就行了。”石乞说：“这五百个人是找不到的。”又说：“市场的南边有个叫熊宜僚的，如果找到他，可以抵五百个人。”石乞就跟着白公胜去见宜僚，和他谈话，他也一动不动。白公胜说：“这是不为利诱、不怕威胁、不泄漏别人的话去讨好的人，离开这里吧。”

【原文】

吴人伐慎，白公败之。请以战备献，许之，遂作乱。秋七月，杀子西、子期于朝，而劫惠王。子西以袂掩面而死。子期曰：“昔者吾以力事君，不可以弗终。”抉豫章以杀人而后死。石乞曰：“焚库，弑王，不然不济。”白公曰：“不可。弑王不祥，焚库无聚，将何以守矣？”乞曰：“有楚国而治其民，以敬事神，可以得祥，且有聚矣，何患？”弗从。

【译文】

吴国人攻打慎地，白公胜打败了他们。白公胜请求把战利品奉献，楚惠王同意了，白公胜就乘机发动叛乱。秋七月，在朝廷上杀了子西、子期，并且劫持楚惠王。子西用袖子遮着脸而死去。子期说：“过去我用勇力侍奉君王，不能有始无终。”拔起一株樟树打死了敌人然后死去。石乞说：“焚烧府库，杀死君王。不这样，事情不能成功。”白公胜说：“不行，杀死君王不吉祥，烧掉府库没有积蓄，将要用什么来保有楚国？”石乞说：“有了楚国而治理百姓，用恭敬来侍奉神灵，就能得到吉祥，而且还有积蓄，怕什么？”白公胜不肯听从。

魏公扁壶　战国后期，清宫旧藏。通高31.7厘米，宽30.5厘米，重3.96千克。

【原文】

叶公在蔡，方城之外皆曰："可以入矣。"子高曰："吾闻之，以险徼幸者，其求无厌，偏重必离。"闻其杀齐管修也，而后入。

白公欲以子闾为王，子闾不可，遂劫以兵。子闾曰："王孙若安靖楚国，匡正王室，而后庇焉，启之愿也，敢不听从？若将专利以倾王室，不顾楚国，有死不能。"遂杀之，而以王如高府。石乞尹门，圉公阳穴宫，负王以如昭夫人之宫。

【译文】

叶公住在蔡地，方城山外边的人都说："可以进兵国都了。"叶公说："我听说，用冒险而侥幸成功的，他的欲望不会满足，办事不公平，百姓必然离心。"听到白公胜杀了齐国的管脩，然后才进入郢都。

虎节　战国后期，长15.9厘米，宽10.7厘米，重0.47千克。铸有铭文：王命，命傅任。

白公胜想要让子闾做楚王，子闾不答应，就用武力劫持他。子闾说："您如果安定楚国，整顿王室，然后对启加以庇护，这是启的愿望，岂敢不听从？如果要专谋私利来倾覆王室，置国家于不顾，那么启宁死不从。"白公胜就杀了子闾，带着惠王去高府。石乞守门，圉公阳在宫墙上挖开一个窟窿，背上惠王到了昭夫人的宫中。

【原文】

叶公亦至，及北门，或遇之，曰："君胡不胄？国人望君如望慈父母焉，盗贼之矢若伤君，是绝民望也，若之何不胄？"乃胄而进，又遇一人曰："君胡胄？国人望君如望岁焉，日日以几，若见君面，是得艾也。民知不死，其亦夫有奋心，犹将旌君以徇于国，而又掩面以绝民望，不亦甚乎！"乃免胄而进，遇箴尹固帅其属，将与白公子高曰："微二子者，楚不国矣。弃德从贼，其可保乎？"乃从叶公。使与国人以攻白公，白公奔山而缢，其徒微之。生拘石乞而问白公之死焉。对曰：“余知其死所，而长者使余勿言。”曰：“不言将烹。”乞曰：“此事克则为卿，不克则烹，固其所也，何害？”乃烹石乞。王孙燕奔頯黄氏。

沈诸梁兼二国，国宁，乃使宁为令尹，使宽为司马，而老于叶。

【译文】

叶公也在这时候来到，到达北门，有人碰上他，说：“您为什么不戴上头盔？国内的人们盼望您好像盼望慈爱的父母，盗贼的箭如果射伤您，这就断绝了百姓的盼望。为什么不戴上头盔？”叶公就戴上头盔而进入，又遇到一个人说：“您为什么戴上头盔？国内的人们盼望好像盼望一年的收成，天天盼望，如果见到您的面，就能安心了。百姓知道不至于再有生命危险，人人有奋战之心，还打算把您的名字写在旗帜上在都城里巡行，但是您又把脸遮起来以断绝百姓的盼望，不也太过分了吗？”叶公就脱下头盔而进入。遇到箴尹固率领他的部下，准备去帮助白公胜。叶公说：“如果没有子西他们两位，楚国就不成为国家了，抛弃德行跟从盗贼，难道能够有保障吗？”箴尹固就跟随叶公。叶公派他和国内的人们攻打白公胜。白公胜逃到山上自己吊死了，他的部下把尸体藏起来。叶公活捉石乞而追问白公胜的尸体。石乞回答说：“我知道他尸体所藏的地方，但是白公让我别说。”叶公说：“不说就烹了你。”石乞说：“这件事成功就是卿，不成功就被烹，这本来是应有的结果，有什么妨碍？”于是就烹了石乞。王孙燕逃亡到頯黄氏。

燕乐渔猎攻战图壶　战国前期，通高31.6厘米，宽22.3厘米，重3.54千克。

叶公身兼令尹、司马二职，国家安定以后，就让宁做令尹，宽做司马，自己在叶地退休养老。